AF452692

RAPPORT

SUR LES 6ᵉ ET 7ᵉ SESSIONS

DU CONGRÈS NATIONAL

DE GÉOGRAPHIE

A DOUAI (1883) ET A TOULOUSE (1884)

Par M. J. V. BARBIER

———·———

NANCY

IMPRIMERIE BERGER-LEVRAULT ET Cⁱᵉ

11, rue Jean-Lamour, 11

1885

RAPPORT

Sur les 6° et 7° sessions

DU CONGRÈS NATIONAL DE GÉOGRAPHIE

A DOUAI (1883) ET A TOULOUSE (1884)

L'an dernier, dans une communication sommaire, j'ai embrassé toutes les principales phases du congrès de Douai, mais en les effleurant à peine ou plutôt en n'en faisant ressortir que le côté épisodique. Dans notre Bulletin, je n'ai pu aborder que l'imposante exposition organisée par l'Union géographique du Nord en même temps que la belle et si intéressante exposition de Bar-le-Duc.

Contrairement donc à ce que j'avais fait pour les congrès de Lyon et de Bordeaux, pour celui de Douai je suis resté à moitié chemin. Vraiment, c'était beaucoup trop d'un congrès national et d'une exposition régionale pour les limites dans lesquelles notre modeste mais utile publication peut se mouvoir; c'était beaucoup trop, dis-je, étant donné que notre plus grande sollicitude était acquise à l'avance à l'œuvre de nos collègues, de nos amis de la Meuse, et, dans nos rapports, le congrès de Douai se trouvait nécessairement quelque peu sacrifié.

Cependant, — quoi qu'en aient certains esprits, plus ou moins de parti pris, plus ou moins difficiles à contenter, et il n'en manque jamais de ceux-là, — ce congrès, pas plus que les autres, n'a dérogé à son caractère d'utilité profonde : n'eût-il fait que continuer la tradition, d'assez fraîche date, dont ses devanciers avaient marqué les époques, et contribué à solidariser davantage les rapports de bonne confraternité et d'action commune des sociétés françaises de géographie, que cela seul lui constituerait un actif précieux.

Mais la session de Douai a fait plus : elle a préparé le terrain qui doit servir à faire fructifier désormais les travaux du congrès et la solution qui devait être l'œuvre de la session suivante.

C'est dire tout de suite quel lien étroit rattache le congrès de Douai au congrès de Toulouse, encore qu'ici l'expression soit inexacte, car, on le sait, c'est le congrès permanent des sociétés françaises de géographie qui, à Nancy, en 1880, tenait sa troisième session et à

Toulouse, cette année, sa septième, qui ne fait que se perpétuer ainsi, poursuivant son œuvre de diffusion, de propagande, de progrès géographique.

Aussi, trouvera-t-on, je l'espère, très à propos qu'en parlant du congrès de Toulouse, je le complète en quelque sorte en le rapprochant, par certains côtés, du congrès de Douai, de la même manière que j'ai parlé de l'exposition de Douai en même temps que de celle de Bar-le-Duc dans notre Bulletin.

La tradition a voulu que trois actes distincts marquent chacune de nos sessions annuelles : le congrès dans ses travaux et ses délibérations spéciales, puis une exposition géographique, principalement scolaire, et, troisièmement enfin, des excursions aussi utiles qu'agréables, sortes d'explorations en pays très civilisé où chacun de nous, délégués, ne laisse pas cependant que d'apprendre à connaître la France et ses régions limitrophes pour en faire profiter les sociétés qui nous confient leur mandat.

Les travaux du congrès dépendent surtout de deux facteurs importants : 1° la préparation, non seulement du questionnaire, mais encore des matériaux qui doivent alimenter les discussions et préparer les solutions à sanctionner ; 2° le nombre des délégués venus des différents points de la France chargés d'apporter leur contingent de travaux, de soutenir les opinions qui leur sont propres ou les résolutions des sociétés qu'ils représentent.

Il y a même plus, — et ceci est alors d'une inexorable logique, — c'est que la nature et la portée de ces travaux dépendent à la fois, et de ceux qui les dirigent, et de ceux qui y participent.

Ainsi à Douai, la présidence d'honneur avait été donnée à M. de Lesseps : mais cette présidence, toute honorifique, avait cessé à la première séance, après le rapport présidentiel sur les progrès de la géographie, M. de Lesseps étant absorbé par les créations que vous savez. La direction effective retombait donc tout d'un coup sur la Société de géographie du Nord. Malheureusement, dans l'illusion qu'il fallait laisser au congrès toute latitude de se diriger lui-même, il n'y eut pas de direction, j'entends de préparation. Ce n'est pas qu'il y eût mauvais vouloir, bien au contraire, et la part qu'ont prise tout particulièrement à l'organisation des excursions le sympathique et dévoué recteur de l'Académie de Douai, M. Nolen, ainsi que M. de Guerne qui fut l'hôte de la plupart des membres du congrès, l'organisateur de l'exposition et, en quelque sorte, le maître des cérémonies, prouve que, de ce côté, on s'est largement multiplié.

Mais ce n'est pas tout ; par suite de la composition du congrès, — la direction de l'Union géographique du Nord étant confiée à des membres de l'Université, le plus grand nombre des délégués de la région en faisaient aussi partie, — les questions de l'enseignement devaient y occuper l'une des plus grandes places, je veux dire que ce sont celles qui avaient toutes chances d'y être le plus approfondies.

Enfin, un homme éminent, M. Levasseur, dirigea, avec un grand tact, les débats relatifs à l'étude de l'action commune des sociétés de géographie.

Je reviendrai tout à l'heure, dans les rapprochements que je me réserve de faire avec le congrès de Toulouse, sur les hommes et sur les travaux de celui de Douai.

Malheureusement, le choléra (¹) qui, aujourd'hui, oblige à différer le congrès prochain d'Oran, a empêché, — peut-être y a-t-il eu quelques autres causes secondaires, — de retrouver bon nombre de nos collègues de Douai à Toulouse.

Dans cette dernière ville, la présidence d'honneur avait été donnée à M. le colonel Perrier, membre de l'Institut, directeur de la cartographie du Dépôt de la guerre, auquel on doit des travaux remarquables de haute géodésie et, entre autres, le prolongement de la méridienne de France jusqu'au Maroc, de concert avec M. Marino, astronome chargé de la même mission par le gouvernement espagnol.

Un tel homme devait imprimer sa marque, devait. en quelque sorte. *déteindre* sur le congrès de Toulouse et déjà, dès son discours d'ouverture, on saisit tout le caractère de son influence.

En effet, M. le colonel Perrier, non content de faire, suivant l'usage adopté, un résumé de tous les progrès récemment réalisés dans la géographie par les découvertes ou les travaux spéciaux, a embrassé toute l'histoire de la géodésie et de la cartographie. Peut-être eût-il pu se contenter de celle des grands travaux topographiques de ces derniers temps, car l'*Histoire de la géographie* de Vivien de Saint-Martin nous a édifiés déjà sur les phases nombreuses du progrès géographique depuis l'origine de la science jusqu'à nos jours.

Cette seule réserve faite, le discours, ou plutôt le rapport du colonel Perrier, dédaignant les effets oratoires, a été plein d'enseignements.

Par une transition heureuse l'orateur, nous amenant sur son véritable terrain, s'exprime ainsi :

(¹) Ce ne fut certainement pas la cause principale ; la date choisie y fut bien aussi pour quelque chose. Nos collègues de Douai n'ont pu, pour cette cause, y prendre part et ils ont protesté contre ce choix. Cependant, je sais que la Société de Toulouse a subi, elle-même, cette date plutôt qu'elle ne l'a imposée, les bâtiments dont elle disposait pour l'exposition et le congrès devant être rendus à qui de droit dans la quinzaine qui suivait l'ouverture de celui-ci. D'autre part, certains de nos amis, et des plus dévoués comme des plus assidus à nos sessions, ont été retenus par des causes impérieuses et à leur très grand regret.

« Si j'ai quelque peu insisté sur nos travaux en Tunisie et en Algé-
« rie, c'est qu'il faut compter dans la méritante phalange des explora-
« teurs ces officiers topographes qui perfectionnent de plus en plus la
« représentation des formes d'une contrée. Les uns vont reconnaître
« en territoire hostile, comme l'ont fait les officiers dans le sud Ora-
« nais, le terrain encore à peine connu sur lequel s'accompliront
« les opérations de l'avenir ; d'autres, en avant et aux flancs des
« colonnes, vont fouillant le pays pour éclairer le commandement, si-
« gnaler les passages difficiles et les caractères du sol ; d'autres enfin
« couvrent de triangles des territoires immenses, démêlent le chaos
« des massifs montagneux, avec leurs contreforts et leurs vallées, et
« déterminent l'emplacement des centres de population. Les uns
« comme les autres ne s'épargnent point, je puis vous l'assurer. La vie
« nomade du géodésien et du topographe est accompagnée, même en
« Algérie, de fatigues excessives, de misères et de risques qu'on
« ignore et qu'on méconnaît généralement.

« A aucune époque l'homme n'a déployé autant de vigueur et de
« volonté que de nos jours dans la conquête du globe, et vous voyez
« que les explorateurs français apportent une large part d'efforts dans
« cette lutte imposée à nos civilisations par le noble désir de savoir,
« mais aussi par les nécessités impérieuses de l'existence. Les voyages
« offrent un puissant intérêt qui touche souvent au drame. Nous y
« voyons l'énergie, la décision et le sang-froid d'un homme (¹), sou-
« vent seul, en lutte contre les puissances écrasantes de la nature,
« contre la sauvagerie, l'inintelligence, le fanatisme des nations qu'il
« aborde.

« Quand cet homme a péniblement ouvert une première voie dans
« l'inconnu, quand d'autres explorateurs après lui ont croisé et re-
« croisé leurs lignes de marche, multiplié leurs observations, fait con-
« naître la structure générale de la contrée parcourue, nous sommes
« bien éloignés encore d'avoir une carte détaillée et définitive. Con-
« sultez, en effet, les géographes chargés d'établir la première carte
« d'un pays nouveau, réduits à s'appuyer sur des itinéraires et des
« renseignements de provenances diverses ; ils vous diront tout ce
« qu'ils y rencontrent encore de doutes et d'incertitudes, les embarras
« souvent insolubles où vient se heurter la critique dans l'interpréta-
« tion des textes ou des levées.

« Il y a bien loin, messieurs, de ces ébauches aux cartes modernes
« de nos grands empires, qui servent à la fois à nos armées, à nos in-
« génieurs, à tous les besoins du commerce, de l'administration et des

---

(¹) Comme on sent bien là le langage par excellence du soldat!

« finances ; une bonne carte est, à notre époque, un besoin de pre-
« mier ordre, et l'on peut dire sans exagération que la perfection de
« la cartographie d'un pays donne la mesure de son degré de civilisa-
« tion. »

Ici, le colonel Perrier fait l'historique du progrès de la géographie
depuis, non les cartes, mais les itinéraires des armées romaines en
campagne, — tel que celui qu'a retrouvé le savant Peutinger et que
l'on conserve à la bibliothèque de Vienne, — jusqu'à la création de la
carte de l'état-major français, jusqu'à cette opération grandiose à
laquelle a pris part l'orateur lui-même, du prolongement de la méridienne de France jusqu'en Algérie.

Puis il amène, en ces termes, sa conclusion :

« A la suite d'un aperçu de voyages, peut-être avez-vous trouvé
« quelque peu froides ces considérations sur les travaux les plus
« élevés qui puissent préoccuper les géographes. Elle a ses émotions,
« cependant, la géodésie, elle a ses fatigues, elle a ses périls qu'on
« ignore généralement. Géodésien moi-même, j'éviterais de vous en
« parler, si je n'étais mû par le désir de rendre hommage à des cama-
« rades, à des collaborateurs dont j'ai souvent admiré, — sans en être
« surpris, — le zèle désintéressé pour des travaux auxquels ne s'atta-
« che guère la faveur publique.

« Faut-il rappeler des exemples classiques ? Delambre menacé, aux
« environs de Paris, en 1792, par une population surexcitée qui voyait
« dans ses opérations des maléfices contre la République naissante ; et
« le collabarateur de Delambre, Méchain, également menacé par des
« patriotes pour lesquels les instruments de géodésie étaient des ins-
« truments de contre-révolution, puis, livré à mille aventures fâcheu-
« ses, au cours de ces campagnes, et mourant de chagrin en Espagne,
« loin de tous les siens, pour avoir laissé passer quelques erreurs dans
« les observations de latitude.

« Les révolutions, il est vrai, ne sévissent plus en permanence ; nos
« populations, mieux éclairées, n'ont plus la même appréhension des
« géodésiens, et il faut avouer aussi que Méchain était particulièrement
« impressionnable ; mais le *métier*, comme on dit familièrement, reste
« avec des nécessités fort sévères. Il faut parcourir le pays dans ses
« parties les moins accessibles, gravir les plus difficiles sommets, éta-
« blir ses signaux, observer patiemment, dans des conditions presque
« toujours pénibles. souvent dangereuses. On cite souvent l'exemple
« du colonel Broussaud, qui, faisant des observations au sommet du
« mont d'Or, pour la mesure du parallèle moyen, vit l'un de ses hom-
« mes de service foudroyé à ses côtés ; les faits de ce genre abondent
« et j'en pourrais citer qui me sont personnels.

« Biot, esprit fin et littéraire, a joliment raconté ses anxiétés et celles
« d'Arago, tandis qu'ils attendaient dans le Desierto de Las Palmas,
« sur le littoral espagnol, l'apparition des signaux lumineux qui devaient
« leur permettre de jeter leurs triangles (¹) entre la terre ferme et les
« îles Baléares. Pour m'être trouvé dans une situation analogue (²), je
« puis vous assurer que Biot n'a rien exagéré. Il fait d'ailleurs ressortir
« la persévérance inébranlable, la vigueur d'Arago, tout jeune alors, à
« lutter contre les fatigues, les difficultés sans cesse renaissantes à
« travers les opérations.

« Loin de moi l'idée de comparer la dureté de ces travaux scienti-
« fiques aux rigueurs de la guerre ; mais, qu'on le sache bien, les qua-
« lités militaires trouvent de larges applications dans la vie de l'officier
« géodésien : cette vie exige de la volonté, elle comporte de l'initiative
« et de la responsabilité.

« De même que les autres sciences, la géodésie marche à son but
« en luttant de subtilité avec les causes d'erreurs qui l'environnent de
« toutes parts. »

Il faudrait tout citer dans cet admirable synthèse de l'histoire con-
temporaine de la géographie et de la géodésie. Et maintenant que les
sociétés de géographie fassent leur profit, toutes, tant qu'elles sont, de
la leçon si méritée que voici :

« Il faut que nos sociétés de géographie ne bornent pas leur ambi-
« tion à la satisfaction platonique d'exister ; il faut qu'elles vivent,
« qu'elles se rendent utiles en provoquant des recherches sérieuses et
« originales, en développant des vocations.

« Un de leurs devoirs est aussi de contribuer à faire vibrer chez
« nous l'opinion publique, non seulement en faveur des parties de la
« science que leurs applications immédiates recommandent suffisam-
« ment à son intérêt, mais encore en faveur de la *science* qui len-
« tement, péniblement, dans des directions inexpliquées pour la
« foule (³), travaille à grandir le génie humain, à préparer le lointain
« avenir.

(¹) On sait que cette expression : jeter des triangles, consiste à réunir à deux
points extrêmes d'une ligne de base, un troisième point situé souvent dans un endroit inaccessible ou dont on ne peut mesurer directement les distances, — comme
d'un rivage à un autre, — autrement que par une observation astronomique simultanée qui fournit les éléments du calcul de haute trigonométrie.

(²) Précisément dans l'opération du prolongement de la méridienne de France,
depuis la côte d'Espagne jusqu'à celle d'Afrique.

(³) Serait-ce ici une raison, aux yeux de l'éminent géodésien, pour que les sociétés
de géographie, entrant pleinement, comme je le voudrais moi-même, dans ce sanc-
tuaire de la science pure, ne se crussent pas obligées à la vulgariser, à la faire pénétrer autant qu'il leur est possible dans l'esprit de la foule ? D'autre part, *même pour
vivre*, ne leur faut-il pas se consacrer et faire la part large à cette vulgarisation.

« La science est un générateur de force qui veut être entretenu dans
« une perpétuelle activité. On s'y attache dans les pays voisins ; notre
« devoir est de nous y attacher pour l'honneur, comme pour la vie des
« pays auquel nous nous devons corps et âme (¹). »

Ainsi, l'on comprend tout de suite quelle différence caractéristique
et supérieurement instructive a distingué le discours du colonel
Perrier de ses similaires et de ses devanciers. J'ajouterai que si, comme
président d'honneur et pour respecter la tradition qui confie la présidence effective à tour de rôle aux délégués officiels des sociétés de
géographie, il s'est effacé en quelque sorte, — la plupart des présidents d'honneur, eux disparaissent, — ce n'a été que pour mieux
prendre sa part, dans certaines séances, aux discussions et aux travaux
du congrès.

Comme nos lecteurs n'attendent pas de moi, — je l'espère du moins,
pour leur satisfaction comme pour la mienne, — que je leur fasse un
procès-verbal en règle de chaque séance, car pour chacun des congrès
de Douai et de Toulouse cent pages et deux heures de lecture ne suf-
firaient pas, j'estime qu'ils sentiront mieux les résultats de l'un et de
l'autre en faisant ressortir par des rapprochements, aussi bien établis que
possible, les travaux les plus saillants, les délibérations les plus efficaces et surtout le caractère et le rôle de chacune des personnalités
qui y ont pris la plus grande part.

Et puisque je viens de parler de la plus haute personnalité géographique du congrès de Toulouse, laissez-moi vous dire tout de suite à
quelles questions sa présence s'est le plus rattachée.

J'avais fait porter, au nom de la Société de l'Est, à l'ordre du jour
du congrès, la question non épuisée d'un méridien initial unique,
question que tout dernièrement un congrès international réuni à Washington, a dû décider.

J'avais fait émettre un vœu l'an dernier, à Douai, pour que les sociétés françaises de géographie fussent consultées par le Gouvernement
et pussent émettre un avis sur la solution à intervenir et sur le mandat
à donner aux délégués français à Washington.

On ne les consulta pas.

Cependant, l'un des membres les plus compétents de notre bureau,
M. Ch. Millot, vice-président de la Société, ayant toute qualité pour
émettre un avis raisonné sur cette question, je me fis un devoir de le

---

peut-être un peu banale, mais qui, faite avec discernement, avec une grande variété d'attraits, préparé de loin, de très loin, je le veux bien, mais merveilleuse-
ment les esprits à s'ouvrir à la science pure ?

(¹) Nous ne croyons pas que langage plus élevé, plus sobre et plus vivifiant ait
jamais été adressé à une réunion de ce genre.

consulter avant de partir pour Toulouse (¹), et j'avouerai tout de suite que si, en ma qualité de cartographe, je croyais jusqu'ici un méridien unique indispensable, en ma qualité non seulement de Français et de patriote, mais encore comme géographe, je n'en devais pas admettre d'autre que celui de Paris.

Or, le mardi 5 août, la question fut exposée, et je fus heureux de provoquer ainsi une sorte de confidence publique de la part du colonel Perrier. Car il avait fait partie de la commission déléguée par le Gouvernement au congrès géodésique de Rome; il était donc à même de nous renseigner sur les résolutions prises et surtout sur l'attitude de l'un des membres les plus éminents de la commission française, M. Faye, qui, parti pour défendre le méridien de Paris, se rangea, au congrès de Rome, de l'avis de la majorité pour décider de l'adoption du méridien anglais de Greenwich, et qui, à peine revenu à Paris, redevint partisan du méridien national français.

Tout d'abord les membres de la délégation n'avaient pas été invités à s'entendre au préalable pour adopter une ligne de conduite unique. C'était d'autant plus nécessaire qu'il était avéré que le méridien de Greenwich serait opposé à celui de Paris.

Pourquoi faut-il qu'en une question de ce genre nous ayons retrouvé une des mille manières inventées par l'Allemagne pour nous reléguer toujours au second plan? Des documents nautiques européens qui ont eu quelque crédit dans toutes les marines de l'Europe, il ne reste que la *Connaissance des temps* publiée par la marine française et le *Nautical almanach* publié par la marine anglaise, cette dernière publication plus répandue, mais certainement moins exacte que la nôtre. Aussi sans avoir l'air d'y toucher, ne voulant pas dépendre, — et, je vous le demande un peu, où le chauvinisme allemand ne va-t-il pas se nicher? — du méridien français, les délégués manœuvrèrent assez habilement pour convertir à la cause du méridien anglais l'un des membres les plus autorisés de la délégation française. J'ai dit que cette conversion ne fut pas de longue durée; mais cela suffit peut-être pour décider du résultat du prochain congrès de Washington (²).

Il faudrait toute une conférence pour traiter de cette question qui a peut-être déjà tenu beaucoup de place dans les délibérations de tous les congrès plus ou moins géographiques; mais il en est une que tout le monde comprendra et qui nous touche de près, c'est que, du jour où la France, renonçant à tout son passé scientifique, — le plus ancien

---

(¹) M. des Robert me remit également une petite note historique sur la question, mais de pur intérêt rétrospectif; voir aux Pièces justificatives.

(²) On connaît aujourd'hui le résultat qui confirme cette prévision.

et le plus considérable du monde, — adopterait un méridien étranger, toutes les publications cartographiques de l'Allemagne, qui se produisent à un prix bien inférieur aux publications françaises de ce genre, nous inonderaient à l'envi, et c'est déjà trop que le plus important des éditeurs français ait déjà eu recours à des clichés allemands, pour nous donner l'un des premiers atlas français de quelque valeur.

Mais si la question du méridien doit être ainsi tranchée par nous, quoi qu'il arrive, celle de l'heure internationale qui lui est connexe reste entière. Tout le monde en sent la nécessité sans que l'on se rende bien compte d'une solution pratique. Il y a lieu de croire que le congrès de New-York, lui, l'élucidera [1]. Notre congrès n'avait pas qualité pour la résoudre.

Une autre question intéressait davantage encore le colonel Perrier ; elle avait été soulevée par le commandant Blanchot, un infatigable celui-là et dont j'aurai à reparler plus d'une fois, — c'est le fondateur et le secrétaire général de la Société de Toulouse, — question purement cartographique et qui touche de très près à la carte d'état-major dont notre commandant s'est fait le champion dévoué : c'est celle de l'éclairage à adopter pour le relief du terrain dans les cartes géographiques.

On m'excusera de m'arrêter sur un sujet qui est peut-être indifférent à beaucoup de ceux qui nous lisent et auxquels une digression sur la Chine ou le Tong-King agréerait peut-être mieux ; mais, que voulez-vous, chers lecteurs, assez d'autres en parlent, — qui n'en savent peut-être pas grand'chose, pas tant que vous assurément si vous avez lu déjà tout ce que notre Bulletin en a dit depuis quatre ans et plus, — et puis, l'eau va toujours à la rivière, et un cartographe, si secondaire qu'il soit, tendra toujours à vous parler de cartes.

Après tout, cependant, il y a quelque chose qui intéresse tout le monde ici. Il n'y a pas un Français qui ne soit appelé à se servir de la carte d'état-major ou de toute autre. Vous savez que cette carte est éclairée en lumière zénithale, c'est-à-dire que les montagnes, les moindres aspérités du terrain y sont représentées comme si elles recevaient la lumière d'aplomb. Notre ami le commandant Blanchot soutint ce système avec un feu, un enthousiasme qui le jeta au delà du but — qui veut trop prouver ne prouve rien, — et compromit beaucoup la cause qu'il défendait.

D'autre part, pour confondre les adversaires de la lumière zénithale, M. le colonel Perrier avait apporté à dessein, à l'exposition, deux cartes

---

[1] On sait qu'il en a fait le corollaire du méridien de Greenwich.

de la Corse, toutes deux émanant de l'état-major, l'une éclairée en lumière zénithale et l'autre en lumière oblique, celle-ci moins récente assurément que l'autre. On sait que la lumière oblique laisse un des versants montagneux bien plus éclairé et rend ainsi la carte plus clarteuse et plus lisible ; les défenseurs de la lumière zénithale prétendent qu'il est impossible de lui laisser ainsi le même caractère de précision dans le rendu du relief.

Enfin, un autre officier distingué, M. le colonel Schœlcher, de l'armée territoriale, délégué de la Société de géographie de Paris, nous mit en présence de spécimens de différentes cartes topographiques françaises et étrangères, sans oublier celui de la carte suisse du général Dufour.

Malgré donc la démonstration un peu risquée du commandant Blanchot, la cause paraissait être d'autant plus gagnée en faveur de la lumière zénithale, que M. Anthoine, ingénieur de la carte de France au ministère de l'intérieur, — laquelle est éclairée en lumière oblique, vous le savez, — ne se mêla en rien aux débats.

Mais intervint un topographe des Pyrénées, M. Wallon, — dont les cartes manuscrites en hachures faites à la plume furent des plus remarquées à l'exposition, — qui, tout en reconnaissant la valeur scientifique de la carte d'état-major, la traita ni plus ni moins que de *sac à charbon* au moins dans les régions montagneuses. Le mot était dur, mais il avait été dit avec tant de bonhomie que les plus touchés en ont ri.

Un autre topographe des Pyrénées, M. Schrader, qui dirige avec tant d'habileté et de compétence les travaux cartographiques de la maison Hachette, — et en particulier l'atlas, si lent à paraître d'ailleurs, de Vivien de Saint-Martin, — vint dire à son tour que, dans le dessin des montagnes, surtout dans les Pyrénées, où ce sont toutes des crêtes à arêtes vives, la lumière oblique est de beaucoup préférable, l'autre donnant à la carte une obscurité qui en rend la lecture difficile sinon impossible.

De mon côté, sans entrer dans tant de considérations diverses, je déclarai que je m'engageais à représenter la coupe d'un relief de montagne d'après la carte suisse, aussi exactement et plus facilement qu'avec la carte de l'état-major.

Ici M. le colonel Perrier exposa que si, en égard à l'époque où elle a été décidée et où son plan a été arrêté, la carte d'état-major n'a pu réunir toutes les perfections, — quoiqu'elle soit sans conteste le chef-d'œuvre du genre encore aujourd'hui, — le Dépôt de la guerre n'avait cessé de réaliser des progrès ; il montra, à l'appui, les nouvelles cartes de l'état-major et en particulier les feuilles récentes de la carte de l'Algérie. Je parlerai peut-être un jour d'une façon plus technique et détaillée de ces nouveaux spécimens. Mais dans le moment où il en fut question, c'était un dérivatif à la discussion et surtout à la conclusion qui menaçait les partisans de la lumière zénithale, car il s'agissait maintenant de la carte par courbes de niveau et légèrement ombrée au crayon. Le colonel Perrier le comprit et, à son invitation, on n'émit pas de vœu sur la question (¹).

Mieux inspiré fut un autre jour le commandant Blanchot quand il demanda de renouveler, en l'accentuant vigoureusement, un vœu pour provoquer la *recherche des moyens à prendre pour arrêter la désorganisation des montagnes et protéger les plaines contre les inondations*. C'est une question palpitante d'intérêt pour la région pyrénéenne et pour tout le bassin supérieur de la Garonne, car la dénudation des Pyrénées, — nous nous en sommes convaincu quelques jours après, dans une excursion dont je parlerai, — va malheureusement en croissant, quoique l'administration forestière ait beaucoup fait déjà pour réagir contre le mal, et l'on sait quelles dévastations causent parfois, par leurs inondations soudaines et foudroyantes, la Garonne, l'Ariège et leurs affluents, les eaux de la montagne ayant perdu leur condenseur et leur régulateur naturel : les forêts. Déjà, il y a deux ans, à Bordeaux, on émit un vœu pressant et le congrès s'associa tout entier à la motion du commandant Blanchot.

On comprend que les questions régionales ou locales devaient tenir l'une des meilleures places et si à Douai, l'an dernier, les canaux du Nord firent l'objet d'un vœu, on ne devait pas s'étonner de voir reparaître, comme à Bordeaux, la question du canal maritime de la Garonne. Il est vrai que c'est là plus qu'une question régionale, car elle offre un intérêt national.

Cette fois elle fut présentée par la Société de Toulouse sous la forme suivante : *Y a-t-il lieu de construire un canal à grande section entre l'Océan et la Méditerranée par les vallées de la Garonne et de l'Aude ?* La discussion fut très soutenue; un homme d'une compétence remarquable, M. Darquier, l'avait déjà étudiée dans le Bulletin de la Société de Toulouse et sa solution, ramenant le projet à des proportions plus modestes, plus pratiques peut-être et quelque peu amendées, fut adoptée par le congrès.

Dans cet ordre d'idées, l'un de nos plus illustres hydrographes français contemporains, M. Bouquet de la Grye, président de la commission centrale de la Société de géographie de Paris, nous avait fait,

---

(¹) Nous retrouverons le colonel Perrier dans la discussion sur l'*École nationale de géographie.*

dès le premier jour, une conférence sur la création d'un port de mer à Narbonne et il démontra que la construction d'une jetée dans le golfe de Lion en face de Narbonne défendrait le port projeté contre tout ensablement possible quoique, dans ces parages, le golfe soit d'une très faible profondeur et qu'il présente des phénomènes de ce genre en plus d'un endroit.

Nous sommes ici en pleine géographie physique et il est très à propos de citer à ce sujet une communication très savante de M. de Malafosse, sur la *Dépopulation des plateaux calcaires de l'Aveyron au profit des terrains granitiques de l'Auvergne et les mesures à prendre pour rendre la vie aux plateaux calcaires;* — une autre communication faite par le délégué de la Société de Paris au nom de M. Jules Girard sur les *Reliefs du sol* et leurs rapports avec les cassures des roches stratifiées; — une autre encore, faite par le commandant Blanchot, au nom du général Lewal, sur la *Détermination des limites des isthmes établis d'après la constitution géologique, l'orographie et la structure du sol* (¹), question que le congrès n'a cru pouvoir résoudre, surtout avec l'extension qu'y donnait l'auteur, — quand, par exemple, il reportait les limites de l'isthme de Suez à la mer Morte et à la vallée du Jourdain, sans doute pour barrer tout projet de canal concurrent de celui de Suez et passant par la Palestine; — enfin, la détermination du point *terminus* à *l'Est de la chaîne des Pyrénées* traitée encore par le commandant Blanchot.

Et puisque son nom revient encore sous ma plume, disons que cet officier supérieur, sans avoir été dispensé d'une heure de service, a satisfait à tous les détails d'organisation de l'exposition et du congrès, secondé d'ailleurs par trois hommes dévoués, MM. Decomble, Cartailhac et Gineste, qui, diversement, ont pris leur large part à cette œuvre si considérable que chacun a dû se multiplier à l'envi.

Non content de cela, le commandant Blanchot a payé de sa personne dans presque tous les débats et surtout dans des communications nombreuses sur les questions précitées et s'il n'a pas obtenu gain de cause sur toutes, on ne peut se refuser à reconnaître en lui cet énergie de conviction, cet effort constant de travail et surtout cet esprit d'initiative dont je n'ai pas encore trouvé une incarnation plus complète et plus fermement accusée.

De l'étude de l'orographie et de la géologie des Pyrénées, en en déduisant les conséquences politiques et historiques, le commandant Blanchot a établi que le point *terminus* des Pyrénées était, non à l'extrémité orientale de la petite chaîne des Albères, c'est-à-dire au cap Cerbère.

(¹) Voir aux Pièces justificatives.

mais bien au cap Creus, auquel viennent aboutir les prolongements sud-orientaux de ces mêmes montagnes.

Aucune contestation ne s'est faite sur la conclusion si savamment amenée du commandant Blanchot, et il eut cette fois encore complètement gain de cause près du congrès.

L'interruption forcée dans l'insertion de ce rapport au *Bulletin* m'a fait faire quelques réflexions venues déjà peut-être à l'esprit de nos lecteurs et surtout à celui de mes collègues de Douai et de Toulouse.

Il semble que, sous l'impression plus vive des souvenirs plus récents, renversant l'ordre des choses, des époques surtout, je parle exclusivement de Toulouse, citant à peine Douai et négligeant surtout ce qui pouvait, aux yeux de quelques-uns, donner un caractère d'originalité et d'utilité à ce travail : le parallèle entre les deux sessions.

Voulue ou non, cette interversion ne pouvait aller bien loin, car si, en parlant de l'œuvre de ceux qui ne sont venus qu'à Toulouse, je n'avais aucun élément immédiat de rapprochement, fatalement, au contraire, j'y étais ramené par les hommes que j'avais déjà trouvés sur la brèche, non seulement à Douai, mais déjà à Bordeaux.

Et tenez, de cette petite phalange, car elle est peu nombreuse, j'aurais déjà dû citer l'un des premiers, car il est notre doyen à tous, M. le commandant Gaultier de la Richerie, officier distingué de la marine en retraite, président de la Société de géographie de Lorient. Vieillard énergique, aux vues nettes, décisives, tenant tête à vingt assauts de tous côtés à la fois, — nous l'avons tous vu à Bordeaux résistant seul, tout seul à des hommes et surtout à des arguments de valeur, pour empêcher un vœu en faveur du chemin de fer du haut Sénégal, rappelant ainsi M. Thiers avec lequel il a plus d'un trait de ressemblance, luttant seul à la Chambre pour empêcher la guerre, — M. de la Richerie apporte dans un congrès une somme d'expérience, de compétence et de travail qui doivent servir d'exemple aux plus jeunes.

Bien qu'il n'ait pris part à nos congrès que depuis trois ans, son action et son influence ont pesé de beaucoup sur leur fonctionnement et sur leurs décisions.

J'ai parlé tout à l'heure de son rôle à Bordeaux. Déjà là il traitait une de ces questions qui lui sont familières : l'extension coloniale de la France. Mais s'il l'envisage en patriote, en enthousiaste même, car il y voit l'avenir et l'honneur de notre pays, il ne se paie pas de mots, ni d'espérances problématiques. Il compte avec tous les facteurs que sa longue expérience des choses de nos colonies lui a permis d'apprécier, et si, à Bordeaux, nous l'avons entendu prédire l'avortement des tentalieus d'établissement de chemin de fer du haut Sénégal au Niger, si même à Douai, revenant à la charge, il faisait les réserves les plus expresses sur les déclarations des deux lieutenants du colonel Borgnis-Desbordes venus tout exprès pour exposer la situation dans notre colonie sénégambienne, nous le voyons, à Douai même, soutenir la cause de la France au Tong-King. A la suite d'une de ces chaudes improvisations dont notre collègue et ami M. Gauthiot a le secret, nous l'avons vu proposer le vœu suivant : « *Le Congrès déclare s'associer* « *complètement, sans réserve, à la ligne de conduite adoptée par le* « *Gouvernement dans l'extrême Orient et le prie respectueusement de* « *persévérer avec fermeté dans la voie où il s'est engagé.* »

On comprend qu'un tel homme soulève des contradictions, car, l'Algérie à part, il n'a pas très bonne opinion de nos colonies africaines. D'ailleurs, délégué de la Société bretonne de géographie, il apporte avec lui les idées mêmes de cette Société. Déjà à Bordeaux il a lutté avec le programme adopté, discuté par cette Société ; c'est avec un programme analogue qu'il a soutenu les mêmes idées au congrès de Douai ; c'est encore muni des *Instructions de la Société bretonne de géographie pour ses délégués* (¹) que nous le retrouvons à Toulouse. Donc, à côté de convictions personnelles bien établies, M. de la Richerie apporte avec lui l'appui considérable des arguments raisonnés de la Société qu'il préside. C'est là un doublement de force, c'est là une délégation vraiment sérieuse, c'est là enfin un exemple donné à toutes les Sociétés, et la Société de géographie de l'Est est entrée dans cette voie quand, sur les questions de nature à engager sa responsabilité, elle a confié son mandat à l'auteur de ce rapport.

Aussi peut-on dire que la Société bretonne par l'organe de son président a déclaré ceci à Douai : « Sans prétendre qu'en Afrique il ne « peut y avoir pour la France aucune perspective dans l'avenir, c'est « surtout dans l'extrême Orient qu'est l'avenir colonial de la France.

« Admettant l'établissement de la voie ferrée de Dakar à Saint-« Louis, elle regarde comme trop hâtive et comme impraticable la « construction du réseau sénégalais ; l'Indo-Chine, le Tong-King offrant « à notre commerce et à notre industrie des débouchés plus lucratifs, « plus nombreux et plus importants, exigent que nous concentrions « sur ces régions des efforts qui seront là récompensés promptement « et non perdus comme ils le seraient en Afrique. »

C'est encore à Douai que nous voyons M. de la Richerie, au nom de la Société de Lorient, protester contre le système proposé par la Chambre, de la colonisation par la déportation. C'est du rapport de cette Société que M. Hardouin, conseiller honoraire à la Cour de Douai, extrait le vœu suivant :

« *Qu'il plaise au Gouvernement de faire publier les résultats obte-* « *nus depuis trente ans (1853-1883) par l'application de la transpor-* « *tation pénale à nos colonies de la Guyane et de la Nouvelle-Calé-* « *donie.* Il est hors de doute, ajoute le rapport, que les renseignements « statistiques dévoileraient une situation fort triste et qu'ils viendraient « établir que l'élément pénal ne peut créer une colonie ; qu'il est au « contraire un fléau partout où il existe. »

On n'est pas étonné, d'après ces précédents, que M. de la Richerie qui se pose, non sans quelque raison, en homme des résultats et des résultats acquis, immédiats, — de préférence pour beaucoup aux résultats lointains dont la base est encore douteuse, aléatoire ou menacée, — on n'est pas étonné, dis-je, que M. de la Richerie ait fait une certaine opposition, dans la session de Toulouse, aux entreprises du Congo.

Cette question avait été soulevée par le savant critique géographe M. G. Renaud, directeur de la *Revue géographique,* auquel sont familières toutes les questions coloniales, car à la compétence du géographe il joint celle de l'économiste. Assidu aussi à nos congrès, il a pris part à toutes les résolutions les plus diverses et si parfois ses critiques sont trop vives à l'égard des personnes, je lui rendrai cette justice que son esprit positif le tient en garde contre les aventures, et qu'il est l'homme du développement colonial de notre pays.

Retenu malheureusement, dans une des commissions du jury, je n'ai pu assister à cette discussion fort intéressante , un peu houleuse, paraît-il, et cela me fait regretter, une fois de plus, que l'on ne s'arrange pas de façon à éviter aux membres du congrès cette alternative doublement gênante et nuisible à l'exécution du mandat confié à tous les délégués. Deux fois il m'est arrivé pour cette cause de ne pas assister à telle séance et une troisième fois, — mais celle-là était indispensable, — pour la mise au net du règlement du congrès, règlement dont je parlerai à la fin, chacun des délégués ayant attaché quelque importance à sa rédaction immédiate. Aussi insisterai-je en passant sur le vœu émis par M. Morel à Douai :

« *Considérant que MM. les délégués ont avant tout la mission d'assis-* « *ter aux séances du congrès pour s'y éclairer, eux et leurs sociétés,* « *d'y prendre part aux discussions s'il y a lieu, de voter ou de reje-* « *ter les propositions qui leur sont soumises, le congrès émet le vœu* « *qu'à l'avenir les membres du congrès soient moins distraits de leur* « *véritable mission par l'étude des expositions scolaires et autres* (¹). »

(¹) Je me suis associé à ce vœu. Cependant j'expliquai que ce serait ôter un caractère spécial de notoriété aux expositions (voir les considérations finales de ce

Je demande pardon pour cette digression, inévitable en quelque endroit qu'elle dût venir, et je reprends la suite de mon discours.

Cette discussion fut houleuse, ai-je dit, et M. de la Richerie rencontra des adversaires passionnés, enthousiastes, au nombre desquels je citerai M. de Bouthillier-Chavigny, directeur de l'*Exploration*. Mais je me hâte de dire que la véhémence de la dispute n'a rien ôté à la courtoisie des rapports. M. le colonel Perrier a pris lui aussi une grande part à cette discussion et a fait un plaidoyer chaleureux en faveur de la colonisation exclusivement française uniquement profitable aux intérêts français.

Nos lecteurs connaissent assez la question du Congo par la conférence de M. Dutreuil de Rhins pour que j'y revienne ici. Quant au résultat, je ne crois pas que M. de la Richerie ait eu cette fois absolument gain de cause (¹). Quant au colonel Perrier sa motion fut unanimement accueillie par le congrès.

Mais quel dommage que notre collègue et ami M. C. Gauthiot ne se soit pas trouvé là ! car enfin il faut bien que j'en parle de ce champion si dévoué, lui aussi, du développement colonial de la France. J'ai déjà cité son nom tout à l'heure au sujet de la question du Tong-King appuyée par M. de la Richerie ; mais M. C. Gauthiot a une qualité beaucoup moins répandue qu'on ne croit, — car chacun croit bien en avoir sa petite part, — mais poussée chez lui à la perfection ; c'est qu'à une grande netteté de vues, à des convictions solides, souvent enthousiastes, il joint un grand esprit de tolérance, une rondeur, une franchise d'expression tellement sympathique qu'il n'a jamais fait, que je sache, de proposition ni émis de vœu qui n'aient été accueillis.

Mais il n'était pas à Toulouse et je sais que ce n'est pas de sa faute. Car, soit dit en passant, je l'ai vu à l'œuvre depuis 1879 où nous nous

rapports, et créer une anomalie que de supprimer totalement l'intervention des délégués des sociétés dans les opérations d'un jury dont les récompenses seraient décernées au nom du Congrès. Aussi, comme une expérience se faisait dans le même moment à Bar-le-Duc d'un jury local préparatoire, chargé d'élaborer, par des rapports, les éléments d'appréciation du jury définitif (composé du premier et de membres délégués venus du dehors) de manière à simplifier le rôle des délégués, je demandai que l'on attendît le résultat de cette expérience pour en faire une règle définitive. Ce résultat fut concluant, il fut communiqué à Toulouse ; les organisateurs en tinrent compte, seulement c'est les membres du jury préparatoire qui n'avaient malheureusement pas tout préparé.

(¹) Mon sympathique collègue, M. Loiseau, secrétaire et délégué de la Société de l'Ain, dit, dans son rapport à sa société, que « *le Congrès, désireux de faire sur cette* « *grande question une enquête minutieuse et solennelle, exprime le vœu de voir le* « *Gouvernement français donner sur la mission de Brazza tous les renseignements en* « *son pouvoir et publier tous les documents en sa possession* ». — Je ne pense pas, pour ma part, et c'est là mon regret de n'avoir pu assister à cette séance, que le Gouvernement puisse et doive entrer dans cette voie d'une manière absolue. Les débats actuels de la Commission internationale africaine le prouvent surabondamment.

rencontrâmes pour la première fois au congrès de Bruxelles (congrès international de géographie commerciale). A Douai, il se fit le porte-voix de M. John Lelong demandant : 1° que les Sociétés de géographie commerciale encouragent l'émigration ; 2° que le Gouvernement accorde des immunités de service militaire en faveur de ceux qui prendront un engagement de colonisation d'une certaine durée ; 3° enfin que toutes lesdites sociétés établissent des bureaux de renseignements utiles aux émigrants.

D'accord sur le principe, le congrès a restreint son vœu, sur la proposition de M. Ardouin du Mazet, à la formule suivante :

« *Que les mesures prises par le gouvernement général de l'Algérie* « *pour donner aux émigrants les renseignements nécessaires à leur* « *installation en Algérie soient rendues efficaces par l'affichage,* « *dans toutes les mairies de France, d'un avis informant que les* « *plans de lotissement des terres et les formules de concession sont* « *déposés dans les bureaux.* »

Et puisque je suis sur ces questions, qu'il me soit permis de citer le nom de M. Émile Gallé, de Nancy, dont j'ai été le porte-parole, — bien *incompétent* certes (et je souligne afin que l'on ne croie pas à de la fausse modestie), — tant à Douai qu'à Toulouse. A Douai, à la suite de la lecture d'un mémoire très substantiel, dont la matière eût suffi seule à défrayer un congrès [1], faute du temps matériel nécessaire pour l'approfondir, le congrès, sur la proposition de M. Georges Renaud, — directeur de la *Revue géographique*, — résuma ses *desiderata* dans le vœu suivant :

« *Le Congrès de Douai, au nom des sociétés françaises de géogra-* « *phie, remercie le Gouvernement de son bon vouloir dans la question* « *de la réforme consulaire. Il presse de ses vœux l'achèvement des* « *travaux de la commission chargée d'étudier cette réforme et prie le* « *Gouvernement d'élargir le choix de son personnel dans le sens des* « *capacités commerciales.* »

C'est dans un ordre d'idées analogues que M. Gallé m'avait chargé de lire, à Toulouse, une note nouvelle, et si je dus demander au congrès de ne pas contester ses conclusions, c'est que celles-ci reposaient, d'une part, sur l'hypothèse que la commission spéciale n'avait pas encore statué sur la modification projetée dans le recrutement consulaire,— cette commission avait pris ses résolutions entre la rédaction et la lecture de la note de M. Gallé, — et, d'autre part, sur une donnée inexacte, paraît-il, d'après les déclarations faites au congrès par

---

[1] Voir aux Pièces justificatives.

Dans un important travail publié dans le *Bulletin de la Société de géographie de l'Est* (1er trimestre 1881), M. Gallé a exposé plusieurs de ses vues économiques.

un jeune consul en congé, sur l'assimilation des consuls à des agents diplomatiques en herbe. Dans cette situation, je devais en référer à l'auteur et le faire juge du maintien, ou des modifications, ou de l'abandon de ses propositions. C'est dans ces termes que, suivant le cas, il pourra les renvoyer à la Société de Toulouse pour les annexer au compte rendu du congrès (¹).

Mais je reviens à la session de Douai pour dire la place qu'y a tenue un homme de grande valeur que nous avons possédé à Nancy, M. Ch. Lemire, dont nos lecteurs connaissent les intéressantes conférences, et qui, à côté de la part si compétente qu'il a prise dans les discussions sur la colonisation, a fait une conférence du soir, sur notre colonie de l'Indo-Chine, sous la présidence de M. Levasseur, de l'Institut.

Il est encore deux vœux dans l'ordre des questions de colonisation qui ont marqué dans l'œuvre du congrès de Douai.

Le premier est dû à l'initiative de M. Verly, vice-président de la Société de géographie de Lille, en faveur du séjour de nos jeunes gens dans les colonies. Après une discussion à laquelle ont pris part MM. Georges Renaud, Rödel et Vion, et sur la motion de M. de la Richerie, qui rappelle l'initiative déjà prise l'année précédente par Bordeaux, le vœu est adopté dans la forme suivante : « *Le Congrès, s'ins-* « *pirant de la nécessité qu'il y a d'assurer à l'industrie et au com-* « *merce français des débouchés nouveaux, estime qu'il y aurait lieu* « *d'établir entre toutes les chambres de commerce, toutes les sociétés* « *de géographie et toutes les écoles primaires supérieures et profes-* « *sionnelles, une entente pour arriver à encourager, par des bourses* « *de voyage, ou par tout autre moyen, le séjour aux colonies et dans* « *les pays d'outre-mer des jeunes gens de ces écoles.*

« *Dans ce but, il invite toutes, les sociétés de géographie de France* « *à s'occuper de cette question, et en remerciant la Société de géogra-* « *phie de Bordeaux, qui a pris une initiative à cet égard, il lui con-* « *fie la mission de préparer, pour le prochain congrès, un rapport* « *complet sur la matière.* »

Nous nous sommes retrouvés à Toulouse, et Bordeaux n'a rien présenté du tout.

Je dirai incidemment, en ce qui concerne notre Société de géographie de l'Est, que : 1° M. le président de la Société de géographie de l'Est a soumis, à ma requête, la question au comité de direction ; 2° que le comité de direction l'a étudiée de très près : 3° que j'ai fait avec son autorisation une démarche près de la chambre de commerce de Nancy ;

(¹) M. Gallé n'a rien renvoyé à Toulouse. Il m'a remis une seconde note qu'on lira avec intérêt à la suite de la première, aux Pièces justificatives.

4° que, même sur le terrain restreint du développement de l'enseignement par l'adjonction d'un cours spécial de géographie commerciale à l'École professionnelle de l'Est, le comité attend encore une solution (¹) ; 5° qu'enfin la chambre de commerce n'a trouvé aucun moyen de coopérer à l'œuvre projetée.

Il est probable qu'il en a été de même à Bordeaux et que de là vint le silence de cette société à ce sujet à Toulouse.

C'est tant pis, car il me semble qu'il y a là quelque chose, beaucoup de choses à faire ; mais on aura beau chercher, si l'on se butte à Bordeaux, comme à Nancy, au mauvais vouloir ou à l'inertie, il n'y a pas de panacée contre cette plaie, il n'y a pas d'entente possible et pas de solution à attendre.

Le second vœu, dont je parlais tout à l'heure, est dû encore au commandant de la Richerie, non peut-être dans la forme primitive où il l'avait présenté, mais après quelques modifications. Le voici tel que l'a voté le congrès de Douai : « *Le Congrès croit que le développement* « *de nos lignes à vapeur maritimes ne doit pas s'arrêter et il sou-* « *met au Gouvernement la convenance d'établir une ligne à vapeur* « *traversant l'Océan Pacifique, ligne qui réunirait la Réunion, la* « *Nouvelle-Calédonie et Tahiti avec les côtes occidentales de l'Amé-* « *rique.* »

C'est toujours sur l'initiative de l'infatigable président de la Société bretonne que le congrès réitère le vœu émis déjà à Bordeaux en 1883 « *pour la prise de possession par la France des Nouvelles-Hébrides* ».

C'est enfin lui, après que j'avais combattu, d'après les données du commandant Parisot, le projet de mer intérieure du commandant Roudaire, qui fit déclarer l'incompétence du congrès. Forme de blâme aussi sévère qu'indirecte.

J'en aurai à peu près fini, je crois, avec la géographie commerciale et coloniale quand j'aurai signalé, — celui-ci pour mémoire, — un tout jeune homme qui, à Douai, s'est dit étudiant à la Faculté des lettres de Lyon, tandis qu'il m'a paru plutôt avoir des attaches très directes avec les missions (²) ; mais ses propositions très complexes, se rattachant trop à l'Association internationale africaine, ne furent pas goûtées par le congrès ; — et quand j'aurai dit l'accueil fait, dans une séance solennelle, aux trois officiers de la mission Borgnis-Desbordes : MM. Delanneau, Vallière et Bonnier.

(¹) Depuis lors, mais sur sa propre initiative, M. Dubois, professeur de géographie à la Faculté des lettres de Nancy, a créé et fait ce cours.

(²) Cette réserve est faite sans aucune arrière-pensée défavorable, car fût-il séminariste ou moine de quelque ordre apostolique que ce soit, cela ne lui ôte rien de sa qualité d'étudiant ou du droit d'avoir un projet à lui ou à d'autres. Il est venu de Toulon, a-t-il dit, pour recommander son projet.

M. Nolen, recteur de l'Académie, présidait la séance qui eut lieu dans le grand salon de l'hôtel de ville de Douai. Là, M. Delanneau raconta les trois campagnes successives faites par la colonne Borgnis-Desbordes en 1880-1881, 1881-1882 et 1882-1883, — ce qui était la partie militaire et militante de l'entreprise ; — puis, après lui, M. Bonnier fit un récit de la campagne topographique, — ce qui en était la partie technique, — et des mœurs et coutumes des Bambaras, — ce qui en constituait la partie secondaire, mais non la moins intéressante. Je ne saurais entrer dans les détails d'une conférence qui dura près de trois heures et je n'en signalerai que ces quelques mots qui peignent d'un trait le caractère des populations bambaras : « D'une fierté mal placée et « poussée à l'extrême, ces peuplades ne considèrent comme honorable « que le métier des armes. Tout travail semble dégrader l'homme à « leurs yeux et la femme y a un rôle bien inférieur. Ainsi l'on distin-« gue dans un village diverses castes créées par les besoins mêmes des « habitants. L'homme libre se regarde comme supérieur au forgeron, « au griot, au cordonnier (¹). »

Hé ! hé ! M. de la Richerie pourrait bien avoir grandement raison quand il déclare les populations asiatiques infiniment plus propres à la colonisation, à tous les points de vue, aux races primitives de l'Afrique. Et le récit des tentatives du colonel Borgnis-Desbordes, présenté même sous les couleurs que devaient leur donner ses lieutenants, n'était pas fait pour détruire ses appréhensions.

J'aurai bien encore à reparler des personnalités dont je viens de raconter le rôle dans nos congrès ; mais cela viendra quand il s'agira des questions finales.

Au début de ce rapport, j'ai dit que les questions d'enseignement ont, au congrès de Douai, sinon tenu la plus grande place, du moins été les plus approfondies. Et, en effet, ce fut par celles-là que l'on débuta et c'est à leur discussion que prirent part le plus grand nombre de membres du congrès.

M. Doby, de Nantes, fit d'abord un exposé raisonné de la méthode qu'il emploie dans l'enseignement de la géographie, et dit que si l'on ne doit pas exclure absolument le livre, on doit plus sacrifier à la description et à la couleur locale.

En homme qui se défie beaucoup des exagérations radicales dans les réformes dont l'enseignement géographique a été l'objet depuis plusieurs années, j'ai donné à entendre que, sous la réserve d'une

---

(¹) La mauvaise foi y est en honneur et M. Bonnier a cité ce fait qu'un chef ayant trouvé moyen, en trompant M. Vallière et lui, de recevoir deux fois le prix d'une acquisition, il lui réclama le prix indûment reçu pour la seconde fois. « *Et alors, lui répondit le chef, à quoi me servirait d'avoir menti ?* » Cette réponse épique désarma notre officier.

meilleure méthode *professionnelle,* c'est-à-dire émanant davantage de l'initiative personnelle du professeur, nos anciens petits livres n'étaient peut-être pas aussi mauvais qu'on voulait bien le dire, et que la carte devait, à mon avis, jouer le rôle principal. J'ajoutai qu'avec quelques modifications, ces petits livres eussent rendu tout autant, sinon plus de services, que ceux dont l'enseignement est aujourd'hui encombré et qui me semblent beaucoup plus propres à faire les affaires de ceux qui les publient qu'à réaliser de réels progrès dans l'enseignement géographique (¹).

Ma boutade me valut les protestations les plus énergiques de la part de bon nombre d'hommes d'une compétence incontestable, mais qui parlèrent plutôt de ce qui se passait dans nos collèges et dans nos lycées que dans nos écoles communales. Ce furent MM. Ganeval, de Lyon, notre ami, et Doby, de Nantes. Celui-ci parla bien d'écoles primaires ; j'estime qu'il s'agit d'une école de grande ville ou de quelque commune privilégiée. Mais, dans l'ensemble de nos instituteurs communaux, combien étaient peu préparés eux-mêmes à telles de ces réformes qu'ils étaient chargés d'appliquer et combien peu goûtent certains livres nouveaux plus confus, plus chargés, plus indigestes et plus incompréhensibles que ceux que l'on a proscrits !

Avec une grande sagesse, M. de Lauwereyns déclara que, dans ses leçons, le livre joue un rôle très secondaire et que ses élèves n'en ont que parce que c'est l'usage. Il fait une leçon et interdit de prendre des notes ; mais il dicte à la fin un résumé de 15 à 20 lignes : il obtient ainsi, — je le crois sans peine, — d'excellents résultats.

M. Gauthiot ramène la question sur son véritable terrain qui est, selon lui, sans se préoccuper du livre, « *de faire la plus grande part, dans l'enseignement, à la géographie descriptive et à la couleur locale* ». Cette proposition écarte toutes les dissidences et le congrès adopte un vœu dans ce sens.

Sur la question d'introduction dans l'enseignement géographique des notions de géologie et de climatologie, MM. Gauthiot et de Lauwereyns présentent des observations concluantes. Je rappelle les vœux précédemment émis dans ce sens à Lyon et à Bordeaux, et le congrès est d'accord de les rappeler dans le vœu nouveau.

On a plus de mal de s'entendre sur la proposition d'engager les sociétés de géographie à encourager la publication des géographies,

---

(¹) J'ai protesté aussi contre cette méthode nouvelle, à laquelle n'ont songé que quelques rares et médiocres auteurs allemands, et qui consiste, sous une couleur de logique spécieuse, à faire du plan de l'école le point de départ exclusif de l'enseignement géographique. Je l'attends aux résultats et j'y reviendrai quand il le faudra.

régionales ou départementales, et des cartes *rurales* de ces mêmes régions. C'est ce mot *rurales*, provenant pour moi et beaucoup d'autres, d'une erreur typographique (*rurales* pour *murales*), que personne ne peut définir exactement. Si l'on avait voulu, dans le questionnaire, désigner des cartes de culture, on aurait dit des cartes *agronomiques*, ce qui aurait eu un sens et un but à approuver; *rurales* pour *communales* ne signifiait rien.

M. Gauthiot n'accepte pas cette interprétation, ni le lapsus typographique, et, comme il n'y a là personne du bureau de l'*Union géographique* pour expliquer la pensée des auteurs du questionnaire, le congrès décide de supprimer le qualificatif *rurale* ou *murale*.

De la sorte on n'a plus qu'à statuer sur ces termes de cartes *départementales* dont chacun reconnaît la nécessité sans qu'on se mette autrement d'accord sur l'objet spécial de ces cartes, sur leur échelle, etc. On reste dans des termes tout aussi vagues en ce qui concerne les géographies départementales ou régionales. Bien que notre ami, M. Loiseau, secrétaire et délégué de la Société de géographie de l'Ain, cite comme exemple la géographie de l'Ain publiée par cette société ou plutôt sous son patronage ; bien que, de mon côté, je réclame que l'on trace un plan uniforme, donnant à l'ensemble de ces publications un caractère homogène afin qu'elles constituent un jour une grande géographie de la France, le congrès n'en a cure et s'en tient à la forme générale, très platonique autant que très indéterminée, « *qu'il y a utilité à inciter les sociétés de géographie à publier une carte et une géographie des régions où elles sont établies* ».

Et puis après? Qu'y a-t-il à attendre d'une semblable résolution ? Où sont les grandes lignes, la plate-forme d'un pareil travail ? Alors même que chaque société, suivant son esprit, sa bonne volonté ou ses moyens d'action aura, que bien que mal, établi sa petite géographie, sa carte régionale (?) ou *murale* (?) ou *rurale* (?), le bel ensemble, le beau groupe de documents vous aurez obtenu ! Ce sera tout bonnement une cacophonie de travaux sans suite, sans homogénéité, sans comparaison comme sans rapprochement possible : ce sont des vœux pareils qui fournissent des armes aux adversaires du congrès.

Aussi voilà deux ans que le vœu est émis et je suis certain que personne n'en a tenu et n'en tiendra jamais compte, à moins que l'on ne prenne pour modèle l'heureuse tentative de nos collègues de l'Ain, ce qui serait une manière d'adopter un plan.

Mais passons.

Il est question, après cela, de l'étude comme de la vulgarisation des cartes publiées par les ministères. Je constate, pour ma part, le mauvais vouloir du ministère de la marine à se prêter à la vulgarisation et à la vente à bas prix, aux membres des sociétés de géographie, des cartes qu'il publie. En conséquence, le vœu est émis que « *les ministères de* « *la marine, de la guerre* (¹) *et des travaux publics veuillent bien ac-* « *corder, à prix réduits, aux membres des sociétés de géographie, les* « *cartes publiées par eux.* »

Au même ordre d'idées se rattache la proposition faite par la Société nationale de topographie pratique de *créer un cours de topographie pratique appliquée aux reconnaissances militaires* (!) *dans tous les lycées et collèges de France* (!!), *conformément aux circulaires et instructions du ministre de la guerre, etc. Ce cours devra précéder les exercices militaires prescrits* (!!!).

Quel dommage que notre ami M. Gauthiot ait fait renvoyer la question aux calendes grecques, je veux dire à la fin du congrès où elle n'est pas revenue, — car vraiment l'enseignement de la géographie est absolument perdu sans cela. Et il ne l'a pas compris ! ni moi, ni aucun des membres du congrès ! Comment, vous, géographes, ne sentez-vous pas que, sans la topographie, votre enseignement n'est rien, qu'il manque de la base essentielle, indispensable, unique, radicale sans laquelle il divague?....!!!

Je n'exagère pas : écoutez tous les topographes, et vous verrez si ce que je viens de dire n'est pas vrai mot pour mot. C'est à ce point que, non seulement les sociétés de topographie devraient avoir la première place aux congrès des sociétés de géographie, — puisque la première est en quelque sorte la pierre angulaire de la seconde, — mais vraiment il ne serait que juste que ce congrès, à l'avenir, ne portât d'autre titre que celui de *Congrès des sociétés de topographie.* Il n'y a pas à sortir de là, et vous, Sociétés de géographie, devez sans plus tarder abdiquer entre les mains des oracles de cette réunion unique, fondamentale, etc., que sais-je encore, moi?.....

Mais, deux fois lauréat de la Société de topographie de France, je vais passer pour un monstre d'ingratitude à m'exprimer ainsi. Comptant des amis dans son sein, ils vont croire à la trahison. Ayant rappelé, récemment encore à la réunion de Toulouse, *la tradition invariable* (²) de notre congrès, je me suis exposé et m'expose encore à

(¹) On sait que ce dernier ministère a, depuis lors, pris une décision, par laquelle le public tout entier a profité d'une large réduction et que le ministère de l'intérieur livre la sienne à prix réduit, moyennant certaine formalité, aux membres des sociétés de géographie.

(²) I, Congrès de 1878, à Paris ; ordre des rapports des sociétés : 1° Lyon ; 2° Bordeaux ; 3° Marseille ; 4° Montpellier ; 5° Géographie commerciale de Paris ; 6° Oran ; 7° Topographie. — II, Congrès de 1879 à Montpellier : 1° Paris ; 2° Lyon ; 3° Bordeaux ; 4° Marseille ; 5° Oran ; 6° Topographie ; 7° Montpellier. — III, Congrès de 1880 à Nancy : 1° Paris ; 2° Commerciale de Paris ; 3° Topographie ; 4° Lyon ; 5° Bordeaux ; 6° Rochefort. — IV, Congrès de 1881 à Lyon : 1° Paris ; 2° Commer-

des revendications d'apparence légitimes, à des colères peut-être. Bien plus, j'ai tout l'air de méconnaître à la fois les services rendus non seulement par la topographie, mais encore par les sociétés de topographie, et de faire peu de cas d'une science dont le concours est en tous points indispensable à la géographie.

Ce n'est pas la première fois que j'aurais à me défendre ou tout au moins à m'expliquer sur ce point et je ne reviendrai pas autrement sur ce que j'ai dit dans une lettre à mon cher collègue, M. Drapeyron, publiée par la *Revue de géographie* l'an dernier. Encore une fois, l'importance de la topographie, ainsi que les services rendus par elle et par les sociétés qui la cultivent, sont hors de cause. Mais si, dans le concert des sociétés de géographie, le même rôle est attribué aux sociétés de topographie, il n'y a pas de raison pour que les sociétés de géologie, d'ethnographie et maintes autres ne soient admises au même titre. Et alors ce ne sera plus ce qu'ont voulu les initiateurs de cette réunion: le *congrès national des sociétés de géographie*, mais le congrès d'une certaine catégorie de sociétés savantes, d'intérêts et de buts divers, qu'on le veuille ou non.

Il n'y a pas là de question de supériorité ni d'infériorité et encore moins une mesquine question de préséance. Dans un précédent compte rendu du congrès de Toulouse, M. Drapeyron croit qu'il n'y a là qu'une mauvaise chicane, et qu'il ne tiendrait alors qu'à la Société de topographie de modifier son titre pour qu'à l'avenir toute apparence de conflit disparût. Cette réflexion m'étonne : elle ne porte pas ou porte à faux.

Je ne sache pas que le titre choisi par une société sérieuse soit tout simplement une étiquette couvrant n'importe quelle marchandise, et qu'un titre spécial convienne à un but quelconque, surtout quand ce but

---

ciale de Paris: 3° Lyon; 4° Marseille; 5° Bordeaux; 6° Est; 7° Rochefort; après sont venus les rapports des Sociétés étrangères et le délégué de l'Ain n'a pris la parole à la suite que parce qu'il hésitait à le faire, la Société étant de trop récente création. — V, Congrès de 1882 à Bordeaux : 1° Paris; 2° Commerciale de Paris; 3° Lyon; 4° Marseille; 5° Montpellier; 6° Est; 7° Oran; 8° Rochefort; 9° Toulouse; 10° Lorient; 11° Topographie; 12° Bordeaux. — VI, Congrès de 1883 à Douai: 1° Paris; 2° Commerciale de Paris; 3° Lyon; 4° Bordeaux; 5° Montpellier; 6° Est; 7° Rochefort; 8° Bourg; 9° Lille; 10° Lorient; 11° Nantes; 12° Topographie.

On remarquera que, sauf à Nancy où ce fut par une courtoisie qui s'adressait personnellement au délégué de la Société de topographie, M᷄ Kleinhans, aucun congrès n'a admis l'assimilation de la Société de topographie en lui donnant son rang d'ancienneté, et que là où des sociétés de géographie ne sont venues qu'après elle, c'est uniquement parce que, comme à Montpellier et à Bordeaux, les sociétés qui recevaient se sont, par convenance d'hospitalité, placées au dernier rang, ou que, comme à Paris et à Nancy, elles se soient abstenues. On n'empêchera pas les Français de céder toujours leur tour de rôle à des dames; mais cela ne saurait créer aucun précédent en faveur de la Société qui a la bonne fortune d'être aussi galamment représentée et reçue.

est plus large, plus général que le titre ne le comporte. Notre ami Drapeyron objecte qu'il en est de même d'une société de géographie commerciale : que non pas, s'il vous plaît ! car la géographie commerciale c'est de la géographie appliquée au commerce, tandis que si une société de topographie fait de la géographie générale et couvre de son pavillon tous les travaux de géographie à n'importe quel titre, ce n'est plus une société de topographie, c'est une société quelconque de géographie et c'est ainsi qu'elle doit s'appeler. — Est-ce que, sous ce titre, elle aurait encore la même raison d'être?

Je demande pardon à nos lecteurs de m'étendre sur ce sujet; mais je tiens à ôter tous les doutes d'interprétation et à me justifier de toute arrière-pensée blessante.

Si l'on s'étonne que, seul peut-être, j'aborde un sujet qui m'expose, bien à tort, à contrecarrer des amis que j'apprécie, des sociétés dont je reconnais tout le premier la profonde utilité et le rôle actif, c'est que, seul aussi peut-être, j'ai osé hautement soutenir, le premier, les prérogatives du *Congrès national des sociétés françaises de géographie* et le défendre d'empiétements qui lui feraient perdre son caractère et sa raison d'être.

Que, dans la collaboration que nos sociétés provoquent de la part des sociétés spéciales et dans la large hospitalité qu'elles doivent leur donner en les invitant à leur congrès, elles reconnaissent tous leurs droits à la discussion , à soutenir tel et tel de leur programme , rien de plus équitable, rien de mieux. Mais vouloir que là où seuls sont engagés les intérêts et la responsabilité exclusive des sociétés françaises de géographie, — car, sous le nom bien défini de *Congrès national des sociétés françaises de géographie*. l'opinion publique ne reconnaît qu'elles et ne voit qu'elles d'engagées, — vouloir, dis-je, que là elles ne se réservent pas une sorte de *veto suspensif*, non ! mille fois, non !

Encore une fois, les susceptibilités. les rivalités, les préséances, les compétitions, l'ostracisme. n'ont rien à voir là-dedans et si, en défendant ouvertement cette cause, j'ai la persuasion d'être l'interprète du plus grand nombre de mes collègues. mon ami Drapeyron peut être bien convaincu que je n'ai pas l'outrecuidance de prendre au sérieux le titre qu'il m'a donné récemment, — non peut-être sans une légère pointe d'ironie, — de *législateur du Congrès de géographie*. J'ajouterai qu'en parcourant sa note sur l'organisation du *Congrès national des sociétés françaises de géographie*, j'ai trouvé là quelques idées justes dont certainement. le moment venu, notre congrès ne pourra que profiter.

Mais je me suis laissé entraîner sur ce sujet, alors que toute cette digression eût été mieux à sa place à la fin de mes notes sur le congrès de Toulouse et à propos du règlement voté à cette session, règlement que certains ont considéré comme son œuvre capitale. C'est que j'avais hâte de lever tous les doutes et je me propose du reste, à la fin de ce rapport, d'étudier plus en détail la question pratique en vue d'être utile aux organisateurs des futures sessions de notre congrès et de faciliter la tâche des délégués.

Cela dit, je reviens aux questions de l'enseignement géographique.

Nous ne les retrouvons à Toulouse que sous deux formes. La première est présentée par M. Allain, délégué de la Société de topographie, qui propose un vœu concernant la « *vulgarisation dans les écoles pri-* « *maires et secondaires de l'étude de la géographie, de la topographie* « *et de la lecture des cartes* ». Évidemment tout le monde est d'accord sur le principe, et l'exposé de M. Allain ne rencontre que des sympathies. La difficulté consiste à bien définir la place à leur donner et à les introduire dans des programmes déjà tellement chargés que l'on songe plutôt à les alléger maintenant tant pour le maître que pour l'élève.

Je l'ai dit à Douai, c'est fort bien de réformer ; mais allez donc, non pas du jour au lendemain, mais même dans une période assez longue, faire que l'instituteur communal, déjà surchargé par les programmes et surtout par le grand nombre d'élèves que la nouvelle loi scolaire lui a amenés, apprenne, pour les enseigner, des branches nouvelles d'instruction, quand il a à peine le temps nécessaire pour enseigner celles qui lui sont imposées. La géographie fait partie du programme, tout au plus la lecture des cartes, qui en est une des nécessités primordiales, trouve-t-elle chez certains instituteurs de la campagne toute la compétence voulue. Faut-il leur demander de sacrifier les quelques courts loisirs qui leur restent à des études topographiques si élémentaires qu'elles soient ? Ce serait un grand bien, certes, que les instituteurs pussent, dans des promenades topographiques par exemple, donner d'excellentes notions aux enfants. Avec le congrès, je le souhaite ; mais il faut attendre de nouvelles générations, des programmes moins lourds et surtout des ressources budgétaires qui permettent de diviser le travail écrasant qui incombe aujourd'hui à l'instituteur consciencieux.

La seconde forme sous laquelle les questions d'enseignement se sont présentées à Toulouse, c'est celle qu'a donnée le commandant Blanchot : « *De l'opportunité de confier aux Facultés des sciences* « *l'enseignement de la géographie.* » Cette proposition fut rattachée à celle de la création d'une *agrégation spéciale de géographie* qui paraît beaucoup mieux répondre aux besoins de l'enseignement géographique. Aussi le congrès se rallia-t-il avec une légère variante à cette dernière idée en appuyant les vœux déjà émis dans ce sens par les précédents congrès.

Enfin, un peu trop tardivement, M. Bazin, professeur à l'École Turgot de Paris, a envoyé au congrès de Toulouse les exemplaires d'une petite note lue à la Société de géographie commerciale de Paris et dans laquelle il expose les prémisses, — un peu vagues selon nous, — d'un projet de réforme de l'enseignement dans les écoles primaires et supérieures de la ville de Paris. Nous regrettons que l'auteur ne précise pas autrement son programme, lequel vise particulièrement à faciliter à l'enfant, par le bon emploi du temps et la bonne répartition des leçons, la *digestion* des matières qui lui sont enseignées. Invoquant son expérience de professeur, M. Bazin demande de déterminer la somme de connaissances à exiger des élèves sortant de l'école communale pour former le contingent des Écoles Turgot, Colbert, etc. de faire commencer par la géographie de la France pour suivre par la géographie agricole, industrielle et commerciale, et de couronner cet ensemble, dans la 3e année, par l'histoire du commerce. Il recommande aussi les notions de la géographie mathématique, ou plutôt cartographique, qu'il donne avec succès à ses élèves pour leur permettre de dresser convenablement une mappemonde ou une carte de France. On ne peut qu'approuver M. Bazin, mais beaucoup des points de ce programme touchent trop à l'enseignement en général ; et, d'autre part, nous croyons qu'un congrès comme le nôtre ne doit pas limiter ses vues à la seule ville de Paris. De longtemps on ne saurait assimiler les écoles de la capitale, tant pour le personnel que pour l'outillage et les programmes de l'enseignement, à la grande majorité des écoles communales de toute la France.

En résumé, toutes ces questions de l'enseignement, très complexes et ne se limitant pas absolument à la géographie, n'ont pas paru, dans tous nos congrès, — hors celle, précisée de longue date, sur la création d'une agrégation de géographie ayant pour corollaire l'introduction dans cet enseignement de la partie scientifique qui relève des Facultés des sciences, — susceptibles de solutions bien nettes.

On pense bien que la plupart d'entre elles furent remises à l'ordre du jour avec la question de *Restauration de l'École nationale de géographie*, projet caressé, prôné, défendu avec enthousiasme par M. Drapeyron et contre lequel la plupart des sociétés de géographie se sont élevées, — et la Société de l'Est était du nombre (¹), car elle l'avait

---

(¹) La Section vosgienne a cru devoir l'appuyer ; mais nous sommes certains que si elle avait fait appel à nos professeurs de la Faculté, elle eût apporté quelques réserves à son adhésion, en admettant même qu'elle l'eût maintenue.

longuement discuté en comité, — projet sur lequel la Société de Lorient en particulier se déclara insuffisamment saisie, et dont la discussion fut remise au prochain congrès.

Il faut dire que, dès l'exposé fait par son auteur, déjà le colonel Perrier en contesta le point historique, à savoir que l'*École nationale de géographie* décidée par la Constituante, — si je ne me trompe, — n'exista jamais que sur le papier. Le colonel Perrier précisa, en le restreignant beaucoup, l'enseignement spécial qui devait être donné de la géographie purement scientifique et dit à cet égard ce que projetait et ce qu'avait réalisé dans son domaine le ministère de la guerre ; mais il combattit en principe le projet Drapeyron (¹). Notre ami cependant voulait s'appuyer, en les rappelant, sur les lettres encourageantes qu'il avait reçues ; mais le colonel Perrier le ramena à la réalité sur ce point, en disant la part qu'il fallait faire à l'eau bénite de cour.

En fait, on peut dire que les sociétés qui avaient mûri la question, étaient hostiles à ce projet (²), dont les moindres inconvénients étaient d'engager le budget dans des dépenses considérables, d'ajouter un un élément de plus à la centralisation parisienne déjà si absorbante, d'attirer précisément les spécialités à Paris, où elles n'ont que trop d'attraits déjà qui les appellent, au détriment des centres scientifiques de la province, et enfin de ne faire profiter qu'un trop petit nombre de sujets d'un enseignement prétendu national et qui n'aurait été que parisien. Il serait bien étrange que la grande majorité des sociétés de géographie, qui sont avant tout des sociétés de vulgarisation ou des sociétés d'études locales, appuyassent un projet qui éloignerait, pour des avantages plus que problématiques, les hautes compétences et le concours dévoué qu'elles rencontrent dans le personnel de nos Facultés et de nos lycées de province. Tout au contraire, nos sociétés de géographie doivent travailler à la décentralisation dont la géographie même n'a eu que trop à souffrir jusqu'aujourd'hui. Une voix s'est fait entendre depuis notre réunion à Toulouse, c'est celle d'un éminent professeur de géographie à la Faculté de Lyon, M. Berlioux, voix autorisée donc s'il en fut. Dans la conclusion si véhémente et si vraie d'un livre qu'il a envoyé à toutes les sociétés de géographie (³), il a pris à partie cette centralisation désastreuse pour la science, en général, et

---

(¹) Dans le compte rendu que fait M. Drapeyron de cette discussion dans le *Bulletin de la Société de topographie*, si détaillé qu'il semblerait avoir été sténographié, les déclarations de M. le colonel Perrier ne paraissent pas aussi hostiles au projet ; mais, malgré sa fidélité, il y a quelques lacunes dans ce compte rendu.

(²) La Société de géographie de Paris, qui avait tout d'abord bien accueilli le projet, le rejeta après une délibération très approfondie de la commission centrale.

(³) *La Terre habitable vers l'équateur, par Polybe ; notice sur cet ouvrage et sur les itinéraires des anciens dans l'Afrique occidentale* (Paris, Challamel, 1884).

pour les publications géographiques en particulier (¹), dont Paris est l'unique et funeste foyer, pour le plus grand bien de ceux qui font marchandage et spéculation des publications cartographiques les plus criantes de fantaisie et d'inexactitude : ils en empoisonnent nos établissements d'enseignement, et le public ignorant les accepte les yeux fermés.

L'érection, au moins d'ici longtemps, d'une *École nationale de géographie*, c'est le drainage complet de toutes les capacités spéciales de la province.

On ne manquera pas de dire qu'alors toutes les écoles spéciales de la capitale sont aussi dangereuses que pourrait l'être à ce point de vue l'*École nationale de géographie*. Mais il n'y a pas que la géographie qui pourrait revendiquer une école spéciale à Paris, et c'est justement parce que la géographie a une tout autre portée, un tout autre caractère, non de supériorité, mais de généralité et d'application journalière que toutes les autres sciences, c'est parce qu'elle n'est pas une science en elle-même, mais la science des rapports de plusieurs autres entre elles, qu'elle ne saurait subir les mêmes procédés de vulgarisation.

En fait, n'est-il pas vrai ? la conviction générale est qu'il suffit de greffer la géographie sur les sciences mathématiques et naturelles qui en forment la base rudimentaire et de créer une agrégation spéciale de géographie pour répondre à tous les besoins de l'enseignement à notre époque. S'il y a plus et mieux à faire, c'est autre chose que cela et particulièrement dans le sens qu'à signalé M. Berlioux, non peut-être avant nous, mais certainement avec une compétence plus grande, une autorité plus haute.

Assurément, je n'ai pas plus l'idée de blâmer les intentions de l'initiateur de cette création que l'espoir de le persuader. Je le tiens pour un homme sincère et convaincu ; c'est aussi un apôtre que M. Drapeyron, mais il me permettra de lui dire qu'en cela il s'écarte de la véritable voie (²).....

(¹) En citant le même auteur, M. Drapeyron n'a pas cru devoir sans doute rappeler ce passage.

(²) Prévoyant sans doute bien des difficultés à faire adopter le projet de l'*École nationale de géographie*, M. Drapeyron avait fait suivre les vœux de sa création et de son organisation, d'autres vœux concernant la création d'un enseignement géographique complet à la Sorbonne ou à l'École normale, des chaires de géographie dans les Facultés et d'une agrégation spéciale de géographie. Ces deux derniers vœux en particulier ne sont que la réédition de vœux antérieurement émis dans nos sessions et ils furent adoptés. Quant au vote sur le principe même de l'École, la Société de Lorient ne se croyant pas suffisamment saisie, — et en cela il y a une erreur manifeste dans le procès-verbal de cette discussion donné par M. Drapeyron, — on remit la question au prochain congrès d'Oran. Au moment même du vote, je déclarai que, la décision prise engageant la responsabilité des Sociétés de géographie, on devait procéder par vote uninominal, c'est-à-dire une voix par Société. M. Dra-

Mais, à mon tour, il me semble que je m'écarte un peu de la mienne et que, de digression en digression. ce rapport m'amènera à toucher à tous les sujets sinon à toutes les personnes, ce qui est toujours plus délicat et plus scabreux. Cependant, je n'éprouve en cela aucune arrière-pensée : n'ayant aucun parti pris, je n'ai aucune crainte et si, uniquement préoccupé des intérêts vrais de la géographie et du progrès national, il m'arrive quelquefois de barrer le chemin à l'un ou à l'autre, fût-il de mes amis, en lui criant : Casse-cou ! je pense lui avoir été utile à lui-même autant qu'à la géographie.

Il est une question qui, depuis et y compris Bordeaux, a tenu une certaine place, — et qui peut être appelée à en tenir encore une plus grande dans nos sessions futures. — aux congrès de Douai et de Toulouse. Posée par la Société de Bordeaux elle-même, celle-ci a chargé ses délégués aux deux dernières réunions d'apporter le résultat des recherches de ses collaborateurs ; il s'agit *de la terminologie et de la prononciation des noms géographiques français* comme point de départ ou comme dérivé de celle de l'orthographe et de la prononciation de tous les noms géographiques du monde.

Ce sont MM. Labrone et Hubler qui, à Bordeaux, au nom de la commission spéciale de cette société, ont donné les premiers résultats de de ce travail ; puis, à Douai. ce sont MM. Manès et Rödel qui ont présenté le rapport et, enfin, à Toulouse. M. Lannelue, ancien capitaine au long cours, que nous avons été heureux de retrouver, tout en regrettant l'absence de ses collègues de Douai. Si bonne volonté que j'aie, il m'est bien difficile de donner dans le détail tous les mots dont la Société de Bordeaux a arrêté la prononciation, au moins sous la sanction provisoire du congrès. Déjà à Bordeaux, j'avais dû faire quelques réserves sur la règle adoptée : je présentai même un travail dont on avait promis qu'il serait tenu compte [1]. Les auteurs semblaient avoir pris comme point de départ exclusif la prononciation *locale*, et l'on voit d'ici, — pour ne citer que notre pays. — à quelles conséquences abusives on sera amené. Je les ai signalées à Bordeaux. Mais on saisira bien à quelles témérités on est arrivé, quand je dirai que, d'après le vocabulaire proposé :

peyron dit que la Société de topographie comptant cinq membres présents et d'autres Sociétés de géographie n'étant pas représentées, c'est *par discrétion, et contrairement à son intérêt apparent. qu'il s'est rangé, sans hésiter, à mon avis.* Or je suis absolument certain que le vote général eût été la condamnation du projet, car la Société de Toulouse, hostile absolument en principe au projet disposait d'une écrasante majorité.

[1] *La Légende territoriale de la France*. par M. le commandant Peiffer.

Banyuls se prononce *Bangniouls* [1].
Cottiennes — *Cossiennes* [2].
Lompnas — *Lone*.
Montrichard — *Mon-trichard*.
Albenc (*L'*) — *L'Alb'*
Compiègne — *Compiène* [3].
Etc., etc.

et qu'il n'y aura pas de raison, — tandis que, dans nos pays, l'*x* a souvent la valeur du X grec ou du *ch* allemand adouci, car on dit *Lachou* quand on écrit *Laxou*, ce qui a une explication acceptable, — pour que *Rambervillers* ne se prononce pas *Rambialé*.

Par endroits, il est fait mention de l'orthographe adoptée par l'administration des postes; mais celle-ci a, pour sa part, un tel apprentissage à faire, qu'on ne saurait, à plus forte raison, invoquer son témoignage.

En résumé, la tentative est excellente et l'approbation du congrès ne lui fait pas défaut; mais il faut bien se dire qu'il y aura une refonte à faire après coup, et cette refonte aura lieu quand le travail étant plus avancé, chaque société pourra en faire le contrôle pour sa région, ou bien quand chaque société aura pris l'initiative d'un travail semblable dans la zone où elle exerce son action et où sa compétence est plus certaine.

C'est là ce que déjà proposait le commandent Poulot à Lyon et ce que je crois être le meilleur moyen d'arriver à un résultat sérieux, à une règle raisonnée, acceptée par tous pour la prononciation des noms géographiques français.

Mais la question est autrement complexe pour l'orthographe et la prononciation des noms géographiques de tous les pays.

Déjà au congrès de Nancy, en 1880, M. Ch. Gauthiot, au nom de M. de Luze, a présenté un excellent travail sur la terminologie, l'orthographe et la prononciation des noms géographiques [4] et, au congrès de Lyon, en 1881, M. de Luze lui-même a formulé les règles qui doivent présider à cette réforme. Les deux congrès approuvèrent la tentative de M. de Luze et, à Bordeaux, Mlle Kleinhans donna lecture d'un nouveau mémoire de l'auteur. Présenté par un interprète aussi gracieux qu'autorisé, le succès était de nouveau assuré; mais là, grâce

---

[1] Passe pour *ou* au lieu de *u* en raison de la valeur de cette voyelle dans tous les pays méridionaux; mais il semble abusif d'imposer à tour le monde la nasale allon-*Bang* qui tient presque exclusivement de l'accent méridional.

[2] Est-ce que l'on prononce *Cossius* pour *Cottius* en latin?

[3] Il paraît que c'est la municipalité même de Compiègne qui prononce ainsi.

[4] En raison de son importance, ce travail a été publié *in extenso* dans le *Bulletin de la Société de géographie de l'Est* (volume spécial du Congrès).

à l'intervention de nouvelles compétences et à la présentation de nouveaux travaux (¹), la question fut plus discutée, plus approfondie.....
, et moins résolue, tant on vit là combien elle était moins simple qu'on
ne le supposait.

J'ai dit : moins résolue, et cependant on ne saurait méconnaître l'utilité des recherches et la valeur des matériaux réunis dans cet ensemble de travaux. Certes, si l'on n'a pu obtenir la solution, il est certain
qu'elle a fait un pas en avant.

Nous avons retrouvé à Douai M. Gauthiot parlant au nom de M. de
Luze ; MM. Manès et Rödel au nom de la Société de Bordeaux ont accompagné leur rapport de la lecture de lettres approbatives de M. de
Boissière (²) et d'Élisée Reclus (³). Puis M. H. Mager a rappelé le travail
qu'il avait donné déjà sur la question à Bordeaux.

Mais un nouveau lutteur est entré en lice : c'est M. Wacquez-Lalo,
géographe, ancien professeur de langues étrangères, lequel apporte avec
lui une autre méthode et d'autres éléments de discussion au congrès (⁴). Il y aurait un curieux et très utile travail à présenter, lors de la
prochaine session, sur l'ensemble de ces divers modes d'interprétation
des noms géographiques (⁵), de manière à bien fixer aujourd'hui les
résultats acquis ou que le congrès pourra accepter comme tels. En
attendant, « il adopte le principe de la prononciation locale comme
« base de la prononciation géographique, avec ce correctif : que, *si*
« *l'usage a prévalu pour quelques termes particuliers contre la pro-*
« *nonciation locale, la prononciation en usage prévaudra après*
« *examen du Congrès.* » Solution provisoire qui, en tous cas, ne
visant que les noms français, laisse entière la question des noms
géographiques étrangers.

Telle elle est restée d'ailleurs au Congrès de Toulouse, M. Lanneluc,
au nom de la Société de Bordeaux ayant seul, ou à peu près, traité
cette question dans un rapport concluant à l'adoption d'un certain
nombre de noms nouveaux. Le Congrès n'en a pas moins approuvé
l'initiative si soutenue de la Société de Bordeaux.

A quand le tour des autres ?

Est-ce que, par hasard, dans le sein de la Société de géographie de
l'Est il ne se trouvera pas quelques travailleurs pour apporter leur

---

(¹) MM. le colonel espagnol Coello, Labroue et Hubler, ainsi que M. H. Mager,
présentèrent, le premier quelques observations, les autres leurs travaux sur la
question.

(²) Celle-ci pleine de judicieuses réserves sur certains des abus, du genre de ceux
que j'ai signalés tout à l'heure.

(³) Qui fait aussi quelques réserves.

(⁴) Voir aux Pièces justificatives.

(⁵) Si le temps et l'espace ne nous font défaut, nous en ferons un résumé sommaire
aux Pièces justificatives.

contingent à cette œuvre ? Y a-t-il témérité à faire appel à des noms autorisés ? Est-ce-que MM. Olry d'Allain, dans Meurthe-et-Moselle, Dʳ Fournier ou Haillant dans les Vosges, Bonnabelle dans la Meuse, ou bien d'autres que j'ignore, ne pourraient, pour le prochain Congrès, — et il y a de la marge puisqu'il n'aura lieu qu'en 1886, — préparer un travail d'une certaine ampleur déjà pour la région lorraine ? Et, pour l'Algérie, qui donc aura plus compétence et qualité que nos éminents collaborateurs MM. René Basset et Parisot ? J'en passe certainement, non des moindres : qu'ils n'hésitent ni les uns ni les autres.

A Douai, comme dans toutes les sessions précédentes, la géographie locale devait tenir et a tenu sa place. Je signalerai pour mémoire, — car ce n'était pas du tout de la géographie, mais de la statistique industrielle, — l'intéressant mémoire de M. Renouard sur les filés du Nord. Autre était le travail de M. Cosserat, principal du collège de Saint-Amand, sur l'historique des bassins houillers du Nord et du Pas-de-Calais (¹).

C'est M. Bouvart, principal du collège de Boulogne, qui aborde, — comme on l'avait fait à Bordeaux et comme on l'a fait depuis à Toulouse, — la question des canaux, et cela à propos d'une question de transit à laquelle sont mêlées les voies ferrées du Nord-Est. Voici à quel vœu le Congrès se rallie à ce sujet : « *Le Congrès prie le Gouvernement* « *de demander aux Compagnies de chemins de fer du Nord et de* « *l'Est un abaissement de tarifs afin que le commerce et l'industrie* « *n'aient plus intérêt à se servir des ports belges ; — il émet le* « *vœu que le projet du Canal du Nord, déjà voté par la Chambre des* « *députés, soit adopté le plus promptement possible par le Sénat dans* « *les conditions acceptées par la Chambre, et que le Gouvernement* « *fasse étudier au plus tôt le prolongement de ce Canal jusqu'aux* « *ports de la Mer du Nord, du Pas-de-Calais et de Manche.* »

Puis M. Cons, à titre de délégué de la Société languedocienne de géographie, rappelant le vœu déjà émis à Lyon, fait un court exposé de la question des canaux dérivés du Rhône en vue de la protection des vignobles contre les ravages du phylloxéra. A la suite de cet exposé, le Congrès vote la proposition suivante : « *Le Congrès, con-* « *sidérant les avantages qui résulteraient, pour les régions dévastées* « *par le phylloxéra, de l'exécution des canaux dérivés du Rhône, émet* « *le vœu que MM. les ministres de l'agriculture et des travaux pu-* « *blics prennent les mesures nécessaires pour faire aboutir le plus* « *tôt possible le projet de canal à dériver du Rhône déjà voté par la* « *Chambre.* »

(¹) Voir aux Pièces justificatives un extrait du travail de M. Cosserat et autres.

Nous avons vu qu'à Toulouse aussi il avait été question de canaux à propos de la voie maritime à créer de l'Océan à la Méditerranée. J'allais oublier de signaler la communication très intéressante et très écoutée de M. Fargues, délégué de Nantes, sur un projet de canal latéral de la basse Loire, de la Martinière à Paimbœuf. Cette question reviendra certainement au Congrès de Nantes même, en 1886, et probablement pourra être étudiée sur place avec quelque connaissance de cause. J'allais oublier également la lecture qui fut faite par M. Drapeyron d'un travail de M. Boulnais, sur le *Canal des deux mers*, simple mais instructive communication faite au Congrès, sans discussion et se rattachant aux questions de cet ordre déjà traitées.

Pour en finir avec la partie technique des travaux du Congrès, il me reste à parler des conférences faites hors session, lesquelles ont eu lieu, deux le soir et une, entre séances, à une heure et demie de l'après-midi [1].

C'est d'abord une conférence de M. Schrader sur les Pyrénées, accompagnée de projections à la lumière électrique. J'ai déjà eu l'occasion, à propos du Congrès de Bordeaux, de parler de ce véritable découvreur des Pyrénées qui semble, avec le commandant Blanchot, s'en être fait un domaine à deux. Dans ses projections, il a donné le merveilleux panorama, les sites les plus riches de cette chaîne aux pics aigus et aux crêtes élancées.

Qu'il me soit permis de citer à son sujet ce qu'a dit, dans son compte rendu sommaire, mon cher collègue et ami M. Loiseau,— dont j'aurai à parler plus loin, car lui aussi est à ses heures un alpiniste convaincu, comme le sont un peu tous les naturalistes —: « M. Schrader, « en effet, connait à merveille cette belle chaîne de montagnes qu'il « aime tant et dont il a parcouru toutes les vallées et gravi tous les « sommets. De ces longues et périlleuses pérégrinations, une œuvre « considérable est née : la carte à grande échelle des Pyrénées. Ceux « qui, comme votre délégué [2], ont pu juger *de visu* de la méthode si « précise employée par M. Schrader [3] pour arriver à construire cette « œuvre remarquable, resteront émerveillés de la science et de la cou- « rageuse persévérance de son auteur. »

L'autre conférence du soir a été faite par M. Desgrand sur l'*In-*

---

[1] On le voit, le temps était complétement absorbé pendant le cours du Congrès ; mais, grâce à la prévoyante organisation de la Société de Toulouse, un restaurant, installé dans les bâtiments consacrés à l'exposition et au Congrès, nous a évité bien des pertes de temps.

[2] M. Loiseau s'adresse à ses collègues de la Société de l'Ain.

[3] Il y a quelques années déjà M. Schrader en a fait l'exposé à la Société de géographie de Paris. C'est un procédé de triangulation à la fois simple et ingénieux dont on retrouve une application indirecte dans la *photopographie* donnée dans notre Bulletin de 1883.

fluence des religions sur l'expansion internationale des peuples. Les délégués au Congrès de Lyon se rappellent ce que déjà le vénérable et digne président de la Société de géographie de Lyon a dit sur ce sujet dans une circonstance analogue. M. Desgrand a étudié l'histoire religieuse des peuples et a trouvé une corrélation étroite entre leur religion et leur développement civilisateur. Des arguments qu'il invoque, il résulterait que le christianisme a, plus qu'aucune autre doctrine, poussé l'homme au travail et au progrès économique.

Il annonce la publication d'un ouvrage considérable où la statistique la plus complète fera mieux ressortir encore la logique de ses conclusions.

Mais tandis que l'honorable M. Desgrand nous a fait une conférence sur les religions répandues à la surface du globe, par une antithèse assez curieuse, un ecclésiastique éminent, M. l'abbé Bougerie, — ex-membre de la commission météorologique de la Haute-Vienne, ancien professeur de sciences naturelles et de philosophie [1], aujourd'hui évêque de Pamiers, — nous avait donné le matin même une conférence scientifique des plus intéressantes sur l'*Anémogène* (origine des vents). Cet appareil gigantesque figurant à l'exposition a servi à la démonstration de la théorie de son auteur sur l'origine des vents déduite du mouvement de rotation de la terre et des modifications que font subir aux courants généraux le relief du sol, l'influence de la chaleur solaire ou du degré de saturation de l'atmosphère. S'appuyant sur les travaux de Maury, le savant météorologiste a exécuté, pour démontrer sa théorie, une sphère d'un mètre environ de diamètre, sur laquelle sont réparties, à intervalles égaux, de petites girouettes équilibrées mais susceptibles de prendre la direction que l'air, dans le mouvement de rotation de la sphère, leur imprime. Un petit appareil électrique indique, pour chaque zone, le rhumb du vent correspondant. Nous nous ferons un devoir de revenir sur ce sujet [2].

Mais ce n'est pas tout : en dehors de tout programme, comme de véritables surprises, deux autres... non pas conférences, mais causeries aussi charmantes qu'instructives, nous ont été faites, l'une par l'explorateur M. Gaboriaud qui parcourut, on le sait, le Foutah-Djallon pour le compte de M. de Sanderval qui l'y avait déjà précédé ; l'autre, les autres même, puis-je dire, par le savant anthropologiste M. Cartailhac.

C'était le soir de l'une des réceptions si gracieuses faites aux délégués par les membres de la Société de géographie de Toulouse. M. le

[1] Tels sont les titres qu'il portait en 1879 lorsqu'il a émis sa théorie et publié le résumé de ses recherches.
[2] Voir aux Pièces justificatives.

général Lewal y était, ainsi que M. le colonel Perrier et bon nombre
de notabilités scientifiques de Toulouse et du Congrès. M. Gaboriaud, qui
n'avait pas eu l'occasion de parler dans nos séances, fut prié de faire
le résumé de son curieux voyage (¹). Il s'en acquitta avec la simplicité
franche, la rondeur et la clarté qui le caractérisent.

Le surlendemain au matin, deux heures avant la séance, les délégués, pour la plupart, répondant à l'aimable invitation de M. Cartailhac,
s'étaient rendus à l'exposition spéciale d'anthropologie organisée par
lui, pour la visiter et entendre de sa bouche toutes les explications
qu'elle comporte.

Quel dommage que mes honorés vice-présidents, MM. Bleicher,
Fliche, Millot, ne se soient pas trouvés là pour admirer, en connaissance de cause, les richesses scientifiques de cette exposition ! Ils ont
sur la matière, à divers points de vue, une compétence que je n'ai pas.
Donc, pour religieusement que j'aie écouté les explications si claires,
si méthodiques, si bien à la portée des profanes, de notre savant cicerone, je ne saurais me flatter de faire valoir cette exposition à mes
lecteurs et je suis bien marri, d'un autre côté, que vous, mon cher Loiseau, qui vous entendez si bien à ces choses, n'ayez pas donné, dans
votre rapport, si bien fait d'ailleurs, un résumé de la savante causerie
de M. Cartailhac.

Cependant nos lecteurs y trouveront un dédommagement, — si tant
est qu'on puisse combler une pareille lacune, — dans l'annexion au
présent rapport (²) d'une petite notice, faite par M. Cartailhac, pour le
vulgaire, il est vrai, et non pour les savants, dans *Toulouse-Exposi-
tion* (³), sur *les premières œuvres d'art dans l'humanité*. Quant aux
spécialistes, ils connaissent de longue date la réputation et les travaux
de ce chercheur ; ils trouveront dans ses ouvrages et, très probablement dans le compte rendu du Congrès pour l'avancement des sciences,
ses plus récentes et ses plus curieuses découvertes ; mais rien ne
remplacera l'exposition spéciale d'anthropologie sur laquelle nous reviendrons en temps utile.

L'obligeance de M. Cartailhac ne s'est par arrêtée là. Le dimanche
10 août dès le matin, — avant la séance de distribution des récompenses
après laquelle nous partions en excursion, — il emmenait les plus zé-
lés d'entre nous, — et j'en étais, — visiter le muséum d'histoire

____

(¹) Nos lecteurs le connaissent par l'étude faite par un membre de la Section meusienne sur l'ouvrage de M. de Sanderval. Les circonstances personnelles n'ont plus
été les mêmes, il est vrai, mais l'étude du pays reste.

(²) Voir aux Pièces justificatives.

(³) Publication artistique faite spécialement pour l'Exposition de Toulouse et
dont dix numéros seulement ont paru. Il est regrettable qu'elle se soit arrêtée là,
car elle était le meilleur commentaire de cette riche exposition.

naturelle de Toulouse, l'un des plus riches de l'Europe, collection immense des minéraux, végétaux et animaux de tous les âges préhistoriques. Dans cette visite, M. Cartailhac s'est montré le cicerone érudit et obligeant de l'avant-veille, et je lui renouvelle ici l'expression de ma vive gratitude avec la promesse, une autre fois, de justifier, par des notes scrupuleuses, l'attention admirative avec laquelle je puis dire que mes collègues et moi nous l'avons écouté.

Et maintenant il faut bien que je ramène mes lecteurs un instant aux séances du Congrès, pour leur dire la proposition que j'ai faite, pour leur parler un peu du règlement du Congrès par lequel celui-ci a terminé ses travaux et que l'honorable M. de la Richerie a appelé d'un nom trop flatteur pour moi pour que je le répète ici.

La proposition est celle-ci : « Étude des moyens d'action à la por- « tée des Sociétés de géographie pour échapper à la publication « d'œuvres de cartographie erronées ou vieillies. » Quand je dis *échapper* à la publication, je veux dire combattre la publication. Je n'ai rien appris à personne en signalant certaines publications cartographiques, atlas ou cartes, atlas surtout, répandus dans le public sous de hauts patronages (²), et bon nombre même sans cela, où l'inexactitude est déguisée sous une facture et un coloris, voire même sous certain fini de gravure très séduisants. Il n'est pas une société de géographie qui n'ait un Bulletin, moyen de propagande par excellence, pour exercer un contrôle salutaire sur cette contrebande et prémunir le public contre la confiance aveugle, souvent ignorante, avec laquelle il achète et consulte ces ouvrages dans le but de s'instruire.

C'est le seul moyen de réagir que je sache, au moins pour le moment. Mais certains de mes collègues craignant, d'une part, de mécontenter les éditeurs qui envoient leurs publications, à titre gracieux quelquefois, aux bibliothèques des sociétés, et, d'autre part, d'attirer des procès en diffamation (?) aux sociétés ou aux auteurs des critiques, firent des objections à ma proposition, tout en reconnaissant qu'il y a là un mal à combattre.

Sur le premier point, j'ai répondu que les sociétés avaient, je pense, assez de dignité et d'indépendance pour croire qu'un éditeur songe à les lier par de petits cadeaux, et qu'en outre il n'est pas un éditeur sérieux, digne de ce nom et dont les publications aient droit à tenir leur place dans les bibliothèques géographiques, qui redoute un seul instant une critique raisonnée, laquelle tournera toujours à son

---

(²) L'atlas dit de Saint-Cyr, par exemple, publié avec l'approbation du ministère de la guerre. Qu'on y regarde seulement le dessin des côtes et le relief de la carte de France et l'on jugera.

éloge quand l'œuvre sera bonne. Et, au cas particulier, soit que les atlas fussent des publications d'un prix trop élevé en général pour que, sauf des feuilles-spécimens, les éditeurs les répandissent gracieusement, soit que ceux-ci eussent craint que le plus grand nombre des publications de ce genre fussent d'une valeur trop médiocre pour les exposer bénévolement à la critique, toujours est-il que les envois gratuits de ces atlas sont très rares.

Et puis, n'est-ce pas le rôle immédiat, le devoir strict, impérieux même des sociétés de géographie, à la fois de recommander au public les œuvres qu'elles jugent bonnes, et de le défendre contre sa propre ignorance en lui signalant les œuvres qui ne se recommandent à lui que par une réclame d'autant plus bruyante parfois qu'elles sont plus médiocres?

Quant à la seconde objection, elle était au moins puérile, car on ne diffame pas plus un auteur qu'un éditeur en critiquant leurs publications. Il ne s'agit ici nullement des personnes et il y a toujours, dans une critique juste et raisonnée, une mesure de convenance qui doit la faire accepter plutôt encore comme un service rendu, aussi bien à l'auteur qu'au public, que comme un acte nuisible. Et là où la duplicité est criante, croyez bien que l'auteur, pas plus que l'éditeur, ne songera à s'exposer à un bruit qui ne tournerait pas à son avantage.

D'ailleurs, pour lever les dernières craintes à cet égard, un professeur distingué de la Faculté de droit de Toulouse, — dont je regrette d'avoir oublié le nom, — présent à la discussion, a parfaitement établi l'indépendance absolue d'une critique qui ne vise qu'une œuvre et non la personnalité de son auteur.

Le Congrès entra absolument dans mes vues « et, dit M. Loiseau « dans son rapport, si chacun de nous tient l'engagement pris à Tou- « louse, un grand pas est fait ».

Le règlement du Congrès, ai-je dit, a terminé les séances de discussion à Toulouse. Pour en bien saisir l'importance et l'opportunité, il faut remonter un peu en arrière.

Les sociétés qui, jusque-là, avaient eu l'honneur de recevoir le Congrès avaient, pour la plupart, rédigé des sortes de règlements à peu près calqués les uns sur les autres, mais présentant des dissemblances trop considérables et des lacunes trop regrettables dues à l'inexpérience de ceux qui les avaient écrits, pour que l'un ou l'autre pût servir de règle suffisante à la bonne marche des travaux d'un congrès : surtout à la bonne répartition des rôles ainsi qu'à la bonne définition des responsabilités.

Déjà, à Bordeaux, j'avais donné un projet de règlement (¹) qui, sans avoir été discuté, fut suivi de point en point. Loin de m'en attribuer le mérite, je constaterai en passant, à la louange exclusive de nos collègues de Bordeaux et sans froisser, j'en suis convaincu, aucune susceptibilité, que, de toutes nos sessions, ce fut, jusque-là, la mieux organisée et celle qui fonctionna le mieux.

Mais, à Douai, le zélé secrétaire général, M. Cons, venait à peine de prendre ses fonctions à l'époque du Congrès, et il était, de tous ses collaborateurs, les plus dévoués du reste, le seul qui eût l'expérience de cette organisation. Aussi ne put-il veiller d'une façon absolue à l'exécution du règlement déjà expérimenté à Bordeaux, et il faut bien dire que le meilleur des règlements du monde est lettre morte s'il n'y a là des organisateurs vigilants pour en préparer et en suivre l'exécution.

Ce fut une vérité pour tous que le Congrès de Douai, bien qu'aussi utile que les précédents, ne porta pas tous ses fruits.

Il faut bien dire encore que le règlement déjà expérimenté n'avait pas prévu toutes les situations possibles, dont quelques-unes se sont présentées au cours de cette session et se sont mieux dessinées encore au Congrès de Toulouse.

Je n'ai fait que signaler, dans mon compte rendu du Congrès de 1882, les discussions qui ont eu lieu, à Lyon et à Bordeaux, sur une proposition de la Société de Lyon concernant un prix collectif à décerner par les sociétés françaises de géographie réunies. Ces deux premières tentatives n'ayant pas abouti, je n'ai pas cru devoir entrer autrement dans les détails (²).

La question revenait donc tout entière, ou à peu près, — on l'a bien vu par le résultat, — au Congrès de Douai, car les adhésions conditionnelles, quelles qu'elles fussent, ne pouvaient servir que de témoignages de bonne volonté et non d'engagements à quelque titre que ce fût.

La séance spéciale des délégués, pour une question de nature à engager exclusivement les sociétés de géographie, constituait à elle seule un cas non prévu par mon premier projet de règlement. Ce fait indiquait, pour l'avenir, une addition, sinon même une réforme, au principe de la réglementation du Congrès, à savoir que toute délibération engageant la responsabilité directe, morale ou pécuniaire des sociétés, devait être prise par les seuls délégués, fondés de pouvoirs spéciaux des sociétés de géographie.

(¹) Voir le compte rendu général du Congrès de Bordeaux.

(²) Je n'ai même pas lieu de les rappeler aujourd'hui. On les retrouvera d'ailleurs dans les comptes rendus généraux des Congrès de Lyon et de Bordeaux.

À ce moment donc, cette disposition, imposée par un fait brutal, ne figurait pas dans le règlement. Déjà, à Lyon, on l'avait suivie, et, l'année d'après, à Bordeaux, on la suivit encore ; mais, dans la première de ces réunions, il y avait eu quelques réticences (1) et, dans la seconde, faute d'avoir bien établi jusque-là la *constitution* du Congrès national des sociétés françaises de géographie, seuls les bons rapports de courtoisie entre les délégués des sociétés de géographie et ceux des sociétés latérales, si je puis m'exprimer ainsi, amenèrent les premiers à admettre les seconds dans ces délibérations toutes spéciales, du moment que leurs sociétés respectives accepteraient les engagements pris (2).

C'est sous la présidence de la haute personnalité de M. Levasseur qu'eut lieu la réunion spéciale des délégués de Douai. Notre éminent collègue, M. Maunoir, y assistait ainsi que les nombreux délégués de presque toutes les sociétés de géographie. Là figure pour la première fois la Société de topographie pratique (3), qui d'ailleurs s'abstient au moment du vote.

Je n'ai pas à entrer dans les détails de cette discussion qui n'aboutit pas à autre chose qu'à faire sentir la nécessité impérieuse d'une *organisation* prévoyante et raisonnée du Congrès.

Aussi, constatant, malgré l'échec des trois délibérations successives sur la question spéciale d'un prix collectif à décerner par les sociétés françaises de géographie, qu'il ressortait de ces discussions le très vif désir d'établir une certaine solidarité, — respectueuse des autonomies locales, — entre ces sociétés, et qu'il y avait lieu, à mon avis, de ne pas perdre le bénéfice de ces généreuses dispositions, je demandai une nouvelle réunion des délégués. M. Levasseur voulut bien la présider encore le lendemain, pour me permettre d'exposer les idées générales sur lesquelles je basais l'action commune des sociétés françaises de géographie.

------

(1) La plus logique et la plus immédiate de ces réticences fut celle qui, dans l'assimilation de la Société de géographie de Paris aux sociétés de bien moindre importance, non peut-être pas au point de vue de l'application de l'unité de vote par société à la discussion générale, mais à celui de cette application à la composition du jury chargé de la distribution d'un prix auquel elle contribuerait à elle seule peut-être pour la moitié, obligeait ses honorables délégués, MM. Levasseur et Maunoir, à une attitude très bienveillante mais pleine de réserve, que j'ai très bien comprise pour ma part et qui devait tôt ou tard faire échouer le projet. De mon côté, j'étais tenu, au nom de notre comité, de ne prendre aucun engagement ferme.

(2) La Société de topographie à cette époque la scission ne s'était pas faite alors en deux Sociétés de topographie, et la Société Hispano-portugaise ne furent représentées là que sur le désir de leurs délégués et ceux-ci ne purent prendre aucune résolution au nom de leurs sociétés, car, n'étant pas considérées comme des sociétés spécialement géographiques, on n'avait pas eu à les convier comme telles.

(3) Ne pas confondre avec la *Société de topographie de France*. C'est à la suite de la scission signalée dans la précédente note que s'est fondée, à côté d'elle, la *Société de topographie pratique*.

Dans le mémoire succinct dont je donnai lecture, je fis ressortir que les précédents, — comme la souscription des sociétés à l'édition d'un ouvrage publié par la Société de géographie, celles consacrées à l'érection d'un monument à Crevaux et à la publication du *Livre d'or*, — établissaient la possibilité et, en général, la bonne disposition des sociétés en vue d'une action commune. J'ajoutai qu'il fallait attendre du temps qu'un certain nombre d'expériences de ce genre se fissent et amenassent les sociétés à donner la mesure, à la fois, de leur bonne volonté et de leurs moyens de participation, pour avoir la base d'une codification sérieuse.

Mais, en attendant, l'ensemble des faits, les lacunes d'organisation aussi bien que la stérilité de certains débats, l'introduction de questions qui ne sont pas de notre ressort et le manque de sanction (¹) des vœux émis, m'amenaient à conclure, sous peine de voir crouler l'édifice laborieusement construit de notre Congrès national des sociétés françaises de géographie (²) à l'adoption aussi prompte que possible d'un règlement, quel qu'il fût.

Cependant je me gardai bien de laisser ouvrir une discussion sur un projet que mes collègues n'avaient pas mandat de discuter en ce moment-là, et qui, vraisemblablement, dans la disposition d'esprit des délégués, au sortir de l'échec des délibérations précédentes, eût échoué avant même de parvenir aux sociétés intéressées, ou n'y fût arrivé que mutilé sans avoir plus de chances d'être adopté plus tard.

Aussi fut-il décidé, séance tenante, que je ferais imprimer mon projet et les considérations résumées de la note qui l'accompagnait, pour que les sociétés, dûment informées, pussent, lors du Congrès suivant, faire connaître leur opinion et donner des instructions en connaissance de cause à leurs délégués.

Ce qui fut fait et c'est dans ces conditions que la presque unanimité des délégués vinrent à Toulouse. Aussi dirai-je, à la louange de mes chers collègues, les organisateurs du Congrès de Toulouse, qu'ils

---

(¹) Je sais que l'opinion générale veut que toute sanction manque aux vœux des congrès en général ; mais je ne me paie pas de mots, qu'on le croie bien, et j'entends ici par *sanction, les voies et moyens pratiques de réaliser les vœux émis* dans la mesure indiquée par leur nature même. Les sociétés peuvent relire, à cet égard, la partie de la note qui leur a été communiquée se rattachant à ce sujet et commençant ainsi : « *C'est une même chimère de s'imaginer que tous les vœux possibles « ne puissent avoir d'autre sanction que celle de l'opinion publique, souvent aussi « indifférente que variable, et de croire que la même forme de sanction puisse être « donnée à des vœux différents.* » Au surplus, M. Drapeyron a montré, dans son étude sur les Congrès de géographie, qu'il y avait, quand on le voulait, des moyens d'obtenir la réalisation de certains vœux.

(²) C'est là l'impression générale de tous mes collègues et la cause des défections qui se sont produites chez ceux dont la place était marquée et dont la présence était attendue à Toulouse.

s'inspirèrent de mon projet de règlement, déjà modifié dans sa rédaction primitive quant à la préparation des séances et des ordres du jour ([1]).

Mais, précisément, cette organisation première eût peut-être eu pour conséquence l'adoption tacite et sans discussion d'une réglementation qui allait avoir fait toutes ses preuves, — bien que je ne la tinsse pas pour le *nec plus ultrà* des règlements, — si divers incidents n'avaient provoqué, de la part de tous les délégués, et en premier lieu du président du Congrès, l'expression réitérée du désir de l'établir sur une base incontestée.

Je n'aurais pas parlé du premier de ces incidents si, dans son rapport à la Société de l'Ain, mon collègue et ami M. Loiseau, — et il ne sera pas le seul, sans doute, — n'y avait fait allusion ([2]). Il fut provoqué par une revendication un peu vive de la part de M. Drapeyron à la première séance à propos de son tour de parole, comme délégué de la Société de topographie de France, que j'avais fait rétablir suivant tous les précédents ([3]). Je me hâte d'ajouter que, le premier moment d'humeur passé, — sans que j'aie dû abandonner le terrain sur lequel je me suis placé et que j'ai, je pense, absolument défini dans le présent rapport ([4]), — cet incident n'a en rien altéré nos bons et amicaux rapports. J'ajouterai même, sans modifier en rien les bases de la tradition, que je pense, comme lui, qu'il y a là quelque chose à faire pour éviter, même en dehors de celui dont il s'agit, plus d'un inconvénient fâcheux.

En effet, le programme habituel de la séance solennelle comporte tout d'abord un discours de bienvenue par une personnalité autorisée et désignée par la Société organisatrice ; puis, — et ce n'est pas l'œuvre la moins considérable du Congrès, — un discours du président d'honneur du Congrès sur l'historique géographique de l'année ; enfin, un exposé sommaire fait par chacun des délégués sur les travaux de la Société à laquelle il appartient.

([1] Cependant je leur reprocherai, — ils peuvent bien accepter cette observation au milieu de tous les éloges si mérités que je leur donne, — de n'avoir tenu aucun compte des vœux émis à Douai, sur la proposition de M. Morel, d'avoir obligé les délégués à trop consacrer de temps aux travaux du jury * et d'avoir placé des excursions dans le cours des travaux du Congrès, ce qui est une cause à la fois de désagrégation du Congrès et du mécontentement de certains délégués dont le temps est compté.

(2) M. Drapeyron lui même, dans son travail sur l'organisation des Congrès de géographie, ne manque pas d'en parler très indirectement mais suffisamment pour que les témoins le comprennent.

3. J'ai fait la preuve *historique* dans la note (1) de la page 25.

4. Voir la note citée ci-dessus et les réflexions des pages 25 et suivantes.

* Ce est un peu la faute du jury préparatoire qui n'avait pas suffisamment préparé le travail ni les rapports qui lui étaient demandés. Aussi je prie en grâce les sociétés organisatrices, à l'avenir, de veiller sur ce point.

Or, vous admettrez bien qu'en thèse générale les deux premiers discours, les deux pièces de résistance, si l'on peut s'exprimer ainsi, prennent en général une heure et demie à deux heures de lecture. Il y a un peu plus de vingt sociétés en France et la bonne moitié au moins sont représentées dans un congrès ; cela fait donc, — chaque délégué ayant le droit (¹) de parler un quart d'heure, — quelque chose comme deux heures et plus, en admettant même qu'il y en ait d'assez sages, — et il y en a, — pour ne parler que quelques minutes.

Ah ! par exemple, tant pis ! on en dira ce qu'on voudra, mais il faut bien qu'ici je me gendarme vigoureusement contre cette tendance de trop de nos collègues à considérer comme des *actes* de leurs sociétés, je ne dirai pas les *conférences* qu'elles organisent, mais le *thème* même de ces *conférences*, et à se croire obligés à nous les servir, par le menu, dans leur compte rendu. Je vous le demande un peu : qui cela instruit-il, et à quoi cela sert-il sinon à tenir de la place (²) ? Écoutez, je le déclare très hautement, il faut de toute nécessité couper court à cet abus, et si, contre toute raison, contre toute utilité, de nouvelles licences se produisent dans ce genre, je demande que le président du Congrès retire d'office la parole à l'infracteur.

Il en est d'autres, — je ne désigne personne et les intéressés se reconnaîtront, — qui, non contents de nous annoncer les projets sur lesquels le Congrès aura ultérieurement à se prononcer, croient devoir les exposer tout au long, s'emparent comme d'une adhésion à leur actif des applaudissements faciles et bienveillants du public, et pensent ainsi préjuger des décisions mêmes du Congrès, sinon peser sur elles.

Il en est d'autres enfin qui, trop peu sûrs de leur parole, devraient écrire ce qu'ils ont à dire, et cela leur éviterait certaines maladresses de langage comme celle qui a fait dire à un délégué que le Bulletin de sa Société était *la meilleure des publications de ce genre*. (Eh bien ! et les autres ?)

Croyez-moi, mes chers collègues les délégués de sociétés, c'est par d'autres moyens que vous les recommanderez et que vous leur ferez tenir dignement leur place ; c'est par d'autres travaux que par ces exposés de pure convenance, — quoique je les tienne pour très utiles, nécessaires même, — que vous donnerez de la valeur au Congrès, que vous en relèverez le niveau et que vous y attirerez, comme savent le faire nos voisins de l'Allemagne, un grand nombre de notabilités géogra-

---

(¹) Je suis de l'avis de M. Drapeyron que le droit n'implique pas l'obligation, il s'en faut.

(²) Est-ce que par la publicité de nos Bulletins et de toute la presse géographique nous ne savons pas tout ce qui se passe ? Est-ce que quand il y a eu dans chaque société une conférence sur un même sujet, on en saturera vingt fois les oreilles du public qui assiste à cette solennité ?

phiques. (¹) Venez au Congrès des sociétés françaises de géographie comme sont venus, par exemple, nos collègues de Bordeaux, de Lorient, etc., avec des questions préparées, discutées déjà au milieu de vos sociétés ou par leurs comités : vous marquerez mieux ainsi votre place et chacun de nous pourra emporter au sein de la société qu'il représente une part de l'œuvre des autres. Ce sera là du bon, de l'excellent travail ; ce sera de la solidarité effective et de bon aloi.

J'en reviens à notre séance solennelle pour dire que l'on comprend sans peine l'impossibilité matérielle de retenir un public, tout de circonstance, *quatre heures et plus*, — en admettant que les délégués eux-mêmes en auraient la patience, — tout bonnement pour lui faire digérer le petit plat que chacun entend lui servir.

Aussi qu'arriva-t-il ? A Toulouse (comme c'était déjà arrivé ailleurs), plusieurs de nos collègues ne demandèrent pas mieux que de remettre au lendemain leur compte rendu qui, en somme, intéresse plus le Congrès que le public. Seul, notre ami Drapeyron, pour le motif que j'ai dit, ne s'y résigna pas et je parie tout ce qu'on voudra que ni le public, ni le Congrès ne lui en ont su gré.

D'ailleurs, on comprend qu'en somme il y a là quelque chose d'anormal et de peu juste, car la priorité dans l'ordre des comptes rendus des délégués étant donnée par l'ancienneté des sociétés, il en résulte que, suivant le temps resté disponible, ce sont toujours les cinq ou six plus anciennes sociétés qui tiendront la place et que les autres, les plus jeunes, sont toujours plus ou moins rejetées dans un effacement relatif.

C'est la tradition, je le sais bien ; c'est aussi ce que confirme le règlement que nous avons voté à Toulouse. Mais, tout en respectant les règlements, comme on le fait pour les lois, c'est en les appliquant dans leur esprit plutôt que dans la lettre que l'on se montre le plus respectueux de leurs principes. Et puis, au cas particulier, il faut bien se dire qu'un règlement est bien plutôt la base de la jurisprudence à suivre dans les cas où il y aurait des divergences et des compétitions possibles ou des négligences préjudiciables au bon fonctionnement d'un congrès, qu'une règle étroite à faire prévaloir contre des circons-

---

¹ Dans son parallèle entre les congrès français et les congrès allemands, l'an dernier, M. du Fief constatait que les Allemands étaient 500 là où les Français n'étaient que 50. Il faut dire aussi que les facilités de voyage sont bien plus grandes en Allemagne qu'en France et que le premier problème à résoudre est, à l'avenir, et pour le plus prochain Congrès, d'obtenir une plus grande réduction sur le prix du voyage, des facilités plus grandes pour le retour ou pour la variété de l'itinéraire tant dans un sens que dans l'autre. Déjà, grâce à des influences toutes-puissantes, l'Association pour l'avancement des sciences obtient de très grandes faveurs à ce sujet et je prie instamment les organisateurs de Nantes de présenter une requête aux compagnies de chemins de fer dans ce sens.

tances impérieuses et imprévues qui engageraient la majorité à une transaction momentanée.

Tous ont senti ces inconvénients ; certains ont pensé que l'on pourrait remettre d'office au lendemain le compte rendu de tous les délégués ; d'autres croient que mieux vaudrait qu'un seul des délégués fût chargé, d'un congrès à l'autre, de préparer un rapport général et unique sur toutes les sociétés [1] ; quelques-uns disent qu'il serait équitable que les sociétés dont les rapports seraient différés au lendemain à l'une des sessions, reprendraient le premier tour l'année suivante [2].

Je ne voudrais pas être taxé de paradoxe. Cependant, sans la moindre intention de préférence pour l'idée que voici, — car je me rallie plus volontiers à la première interprétation du précédent paragraphe, et je crois que c'est celle du plus grand nombre, — ne pourrait-on considérer l'ordre d'ancienneté à l'inverse de celui que l'on a pour habitude d'adopter, c'est-à-dire que ce soient les plus jeunes sociétés qui commencent et les plus anciennes qui finissent ? En effet, les anciennes sociétés sont plus connues ; à grands traits et sans avoir chaque année à reconstruire leur histoire, leurs délégués peuvent, en quelques mots, signaler les points sur lesquels elles ont porté leur action ou augmenté la somme de leurs travaux dans l'année échue, tandis qu'il me semblerait plus intéressant, pour le Congrès, d'écouter tout d'abord les délégués des sociétés nouvellement écloses et de porter ainsi l'attention d'une façon plus sympathique pour elles, plus encourageante pour leurs fondateurs, sur leurs efforts, sur les difficultés vaincues, sur le développement enfin de cette propagande géographique dont les sociétés sont la vivante incarnation.

Je soumets cette idée à mes collègues et aux sociétés sœurs. Leurs délégués pourront s'inspirer de ces réflexions et, lorsqu'ils se retrouveront, ils pourront convenir du mode d'interprétation du règlement qu'ils reconnaitront le meilleur. Il va sans dire qu'à défaut d'entente c'est la lettre même du règlement qui fera la loi ; mais je suis absolument persuadé que nos vieilles sociétés n'y mettront point de susceptibilités et qu'elles sont assez grandes filles pour remplir le rôle des sœurs aînées : c'est-à-dire qu'elles se montreront, sans grand dom-

---

[1] Ce serait le plus simple ; mais les susceptibilités d'amour-propre y trouveraient-elles leur compte ? Quel homme saura inspirer assez de confiance dans son impartialité et dans sa compétence pour recevoir le mandat unanime des sociétés, et sera en assez haute considération pour que les délégués lui sacrifient ainsi une partie, si faible qu'elle soit, de leur rôle ?

[2] Ce moyen serait assez pratique aussi, car l'esprit du règlement serait absolument respecté et l'ordre se retrouverait maintenu.

mage pour leur dignité (¹), très disposées à traiter un peu leurs sœurs cadettes en enfants gâtés.

Mais tous ces commentaires m'ont éloigné encore une fois de notre session de Toulouse et des circonstances qui ont amené le vote du règlement.

Il semblait que, obéissant à l'inspiration du premier moment, le Congrès allait, dès la première heure, le lendemain, procéder à la discussion du règlement. Mais les ordres du jour étaient faits et il eût fallu déranger l'organisation préparée par nos excellents collègues (²). On le remit donc à la suite. Je ne me pressai pas davantage, attendant tout du temps et de l'expérience.

En effet, tant que les vœux émis ne parurent pas engager directement la responsabilité des sociétés, les choses allèrent aussi bien que possible : mais, quand vint la question de la création de l'École nationale de géographie, dont toutes les sociétés (³) avaient été saisies et sur laquelle la plupart des délégués avaient des instructions bien déterminées, on se trouva aux prises avec une situation analogue à celle qui s'était présentée à Douai, avec cette aggravation que la majeure partie des délégués qui s'étaient trouvés à Lyon, à Bordeaux, à Douai, et avaient assisté aux précédents créés dans ces sessions, n'étaient pas là et ne pouvaient, à défaut de règlement discuté, voté et ayant force de loi, dicter, imposer même la tradition dont je me fis le champion.

Je n'exagère pas quand je dirai qu'à l'issue de cette séance je fus pressé de préparer mon projet de règlement en vue de sa discussion immédiate. Lorsque je remis à l'honorable M. de la Richerie mon projet primitif, il me dit : « Je ne sais pas ce qu'est le règlement dont vous me « parlez ; mais, bon ou mauvais, je l'accepte, car il nous en faut un, « quel qu'il soit. »

Cependant les expériences récentes m'avaient indiqué plusieurs lacunes dans mon projet primitif. N'ayant jamais prétendu avoir la *lumière infuse* je recourus sans hésiter à l'expérience de ceux de mes collègues qui, connaissant les précédents, étaient le plus à même de m'éclairer dans la voie à suivre.

Je dois d'abord nommer celui qui, dès Lyon déjà, m'inspira l'idée de préparer un règlement, bien que sa situation officielle semble me

---

(¹) La Société de géographie de l'Est étant la 6ᵉ qui ait été fondée, figure parmi les anciennes sociétés.

(²) Peut-être ont-ils plutôt craint que cette discussion ne prît trop sur les travaux du Congrès, ou encore que, si elle aboutissait par hasard à un avortement, le travail même du Congrès ne fût absolument compromis.

(³) La Société de Lorient ne s'est pas considérée comme régulièrement saisie.

l'interdire. Toutefois, je ne le ferais pas si déjà mon collègue, M. Loiseau, ne l'eût fait. C'est M. Anthoine, que mes collègues, d'ailleurs, connaissent, et ils savent que je n'hésite pas, avec la plus vive gratitude, à reconnaître la part d'initiative et de conseils éclairés qu'il a fournis à ce projet.

Après lui, c'est au vénéré M. de la Richerie, à mon cher collègue M. Loiseau, l'un m'aidant de sa haute expérience, l'autre de ses connaissances en droit, que je dois la plus complète, la meilleure des collaborations. Les premières idées fondamentales acquises, le premier canevas dressé, furent soumis à ceux de nos collègues dont l'âge, la grande considération dont ils jouissent et les dispositions bien connues des sociétés qu'ils représentaient, m'invitaient à prendre les avis (¹).

C'est ainsi, déjà préparé, élaboré, approfondi, que le projet de règlement fut soumis à la discussion du Congrès, dans une séance présidée par M. de la Richerie, dont c'était le tour ce jour-là.

Article par article, tout passa au crible d'une discussion raisonnée et courtoise. Quelques réserves furent faites par M. Allain au sujet des sociétés qui n'étaient pas spécialement des sociétés de géographie (²) ; mais les explications personnelles que je lui donnai après la séance sur les intentions et le but poursuivi dissipèrent toute arrière-pensée. À peine quelques modifications de détail résultèrent de la discussion et le projet fut voté à l'unanimité des délégués des sociétés de géographie, auxquels s'était joint le délégué de la Société hispano-portugaise de Toulouse et de deux autres sociétés représentées dont les noms m'échappent.

Telle fut la sanction de l'œuvre que j'ai poursuivie depuis tantôt quatre ans, stimulé, encouragé par ceux de mes collègues qui m'ont reconnu assez de bon courage et de persévérance pour la mener à bonne fin. Si l'instrument n'est pas parfait, il a du moins les qualités nécessaires pour doter notre Congrès de la force que donne une organisation raisonnée et expérimentée : il dépend des mains qui s'en serviront de lui faire produire tout ce que l'on est en droit d'en attendre (³).

Avant d'aborder l'examen des expositions et le récit des excursions,

---

(¹) MM. Schœlcher, Lannelue, Armand, etc.

(²) Confondant le rôle des sociétés latérales, — topographiques, ethnographiques, anthropologiques, — en tant que coopératrices au Congrès, avec leur participation aux expositions, M. Allain déclara que le vote de ce règlement aurait, comme représailles, l'abstention complète desdites sociétés aux expositions. Mais quiconque prendra connaissance de bonne foi, sans parti pris, du règlement voté, reconnaîtra qu'il n'y a, pour les sociétés dont il s'agit, aucune raison de s'abstenir, car leur droit aux délibérations reste le même et leurs droits aux récompenses aux expositions aussi.

(³) Voir aux Pièces justificatives le texte de ce règlement.

il me reste à réparer des omissions que l'enchaînement des questions étudiées dans les deux congrès m'avait fait perdre de vue, et que je serais d'autant plus désolé d'avoir commises qu'elles me fourniront l'occasion de parler d'un homme qui semble vouloir tenir d'autant moins de place dans nos réunions qu'il a plus de valeur et d'autorité.

À Douai, — car il n'est pas venu à Toulouse et l'on a regretté son absence en même temps que celle de Mlle Kleinhans, de MM. Ch. Gauthiot, Delavaud, Manès, etc..., — M. Ch. Maunoir a présenté au nom de M. Depping, bibliothécaire à la Bibliothèque Sainte-Geneviève de Paris, les deux vœux suivants qui ont été votés à l'unanimité :

« 1° *Que dans toutes les villes ayant une bibliothèque publique, il* « *soit formé, dans celle-ci, un cabinet, autrement dit une section* « *géographique particulière, contenant une collection aussi complète* « *que possible, de cartes nécessaires à l'étude.*

« 2° *Que la même mesure soit adoptée à Paris, dans les bibliothè-* « *ques de l'État, bien entendu dans celles qui sont publiques, pour les* « *besoins des études de ceux qui fréquentent ces établissements.* »

M. Maunoir a saisi cette occasion de féliciter M. Rivière, bibliothécaire de la ville de Douai, qui a déjà pris une heureuse initiative dans ce double but.

Après cela, il a donné communication d'une lettre de M. Milne-Edwards, de l'Institut, sur le campagne alors poursuivie par le *Travailleur* (¹) et d'une autre lettre annonçant la mort du jeune explorateur, M. Trouillet, décédé à Bouba sur la côte d'Afrique.

Deux jours auparavant, il nous avait aussi remis une lettre de M. Thouar à son arrivée à Tarija (²).

Il y a aussi un voyageur bien connu que nous avons vu à Toulouse et que la Société de géographie de l'Est a entendu à Nancy ; c'est le Dr Montano. S'il n'a pas fait de communication au Congrès, il a pris une part active aux discussions sur le développement colonial, sur l'orthographe géographique et sur l'École nationale de géographie qu'il a énergiquement combattue. Je dois signaler de lui l'opinion qu'il a exprimée au Congrès, dans l'une de ces discussions, à l'égard de l'*Alliance française*, car on doit compter avec l'opinion d'un homme de sa compétence. Il considère la propagation de notre langue par l'enseignement, dans les pays orientaux par exemple, comme une duplicité. Il signale, en effet, cette conséquence : dans ces pays, ce sont les indigènes qui servent déjà et qui seront appelés ainsi davantage à servir d'inter-

---

(¹) Nous trouvons les résultats de cette campagne à l'exposition de Toulouse.

(²) Voir le résumé des voyages à la recherche du Dr Crevaux dans le 1er Bulletin de 1885.

prêtes. Or, les Asiatiques, on le sait, inspirent si peu de confiance, que nos agents officiels sont obligés de faire surveiller souvent leur interprète par un autre qui n'est pas toujours beaucoup plus digne de foi. Aussi le Dr Montano déclare-t-il qu'il nous faut obliger, au contraire, nos agents diplomatiques, consuls, etc., à parler la langue des régions où nous sommes appelés à exercer notre influence.

C'est parfaitement juste, mais ne détruit pas du tout, il s'en faut, la raison d'être de l'*Alliance française*. On ne saurait méconnaître, en effet, l'utilité profonde de la propagation de notre langue en quelque région que ce soit, car c'est un instrument à la fois d'influence et d'assimilation hors de prix. Tous ceux qui connaissent l'Orient savent ce que nous perdons ou sommes exposés à perdre, quand les écoles françaises périclitent par la concurrence des écoles allemandes ou anglaises. C'est par la propagation de notre langue que nous arriverons à nous attacher les populations soumises à notre domination en même temps que nous procurerons à nos nationaux la facilité des rapports et des établissements coloniaux. C'est par nos écoles d'Orient que nous avons acquis cette influence que jalousent nos rivaux et qu'ils s'attachent, par la création d'écoles concurrentes, à nous ravir sans retour si nous n'y prenons garde.

La nécessité est tout aussi absolue dans nos conquêtes actuelles ou futures de l'Extrême-Orient. C'est par la langue que nous nous attacherons ces populations et que nous exercerons sur elles une influence incontestée et qu'à notre place les Anglais ou les Allemands ne tarderaient pas à établir.

Cependant, l'argument du Dr Montano ne perd nullement de sa valeur, pour au moins exagérée que soit sa conclusion. D'où il faut déduire que, s'il y a utilité, nécessité même, de soutenir et propager l'œuvre de l'*Alliance française*, il n'est pas moins utile et nécessaire que, pendant longtemps du moins, et tant que la domination et l'assimilation ne seront pas complètes, nos négociateurs et nos administrateurs, tous nos agents en général dans l'Extrême-Orient, possèdent la langue du pays où ils sont chargés de représenter la France.

En saisissant cette occasion de défendre l'œuvre de M. Foncin, je me félicite aussi d'avoir eu à entretenir mes lecteurs du sympathique explorateur de Mindanao. Et cela parce qu'à Toulouse il s'est montré cicerone aussi hospitalier que collègue assidu et apprécié au Congrès. En effet, complétant ici le rôle si courtois de M. Cartailhac, il nous a fait visiter les monuments historiques de la vieille capitale du Languedoc : Saint-Servin, la cathédrale, le musée (dans un ancien couvent des Augustins du xve siècle), le lycée (ancien hôtel Bernuy), la Maison de pierre, etc., etc. : toutes les véritables curiosités archéologiques de Toulouse y ont passé, un peu rapidement, dans les trop courts loisirs que nous laissaient les travaux du Congrès.

Je n'en dois pas moins exprimer ici tous mes remerciements et toute ma sympathie pour le bienveillant et savant cicerone.

Me voici tout naturellement amené à parler des réceptions dont nous avons été l'objet et, pour être logique, il me faut d'abord parler de celles de Douai.

Une première réception nous fut faite par la municipalité même de Douai. Belle soirée, qui eut lieu à l'hôtel de ville, dont M. le sénateur Merlin, maire de la ville, nous a fait les honneurs, et à laquelle la musique de la garnison ajouta le charme d'un excellent répertoire : on nous fit entendre là une *marche du Prophète* dont tels de mes collègues doivent se rappeler avec plaisir.

Il y eut plus, sinon mieux. Trois jours après, les membres du Congrès étaient invités à une autre soirée musicale offerte par les sociétés *Philharmonique* et des *Orphéonistes* dans les magnifiques jardins du cercle de ces derniers.

Une autre réception fut faite par M. de Guerne, le sympathique secrétaire général adjoint de l'Union géographique du Nord. Pour être d'un caractère plus intime, elle n'en fut pas moins goûtée par les membres du Congrès.

Aussi joignons-nous dans dans le même témoignage de gratitude la municipalité de Douai. les sociétés Philharmonique et des Orphéonistes, ainsi que l'honorable M. de Guerne.

A Toulouse, pour être moins nombreuses, les réceptions n'en ont pas été moins cordiales. Nous ne ferons pas un reproche aux personnalités officielles, et moins encore à la municipalité (¹), de s'être abstenues à cet égard. Cependant, c'est la première fois que nous avons à constater cette lacune ; car cette démonstration hospitalière est toujours une très grande satisfaction pour les étrangers à la ville.

En revanche. j'ai parlé déjà de la soirée offerte par les membres de la Société de géographie de Toulouse dans les jardins de l'Exposition, laquelle eut pour agréable incident la conférence de M. Gaboriaud et fut agrémentée par une musique militaire.

Mais il n'y eut rien de plus charmant que la soirée qui eut lieu trois jours après, offerte, au même endroit. par la chorale Clémence Isaure, si je ne me trompe. Ah ! écoutez, vous penserez ce que vous voudrez de mon excès d'enthousiasme. mais je n'ai jamais rien entendu de

---

(¹) On sait qu'elle avait doté la Société de géographie de Toulouse d'une somme de *vingt mille francs* pour l'organisation de l'exposition et du Congrès.

plus ravissant, de plus *empoignant* que le chant de la *Toulousaine*
(Toulousaino). A mon avis, rien n'égale cette musique harmonieuse et
entraînante, exécutée surtout par un groupe de ces chanteurs toulousains si justement renommés. Il y a dans le rythme de cet hymne
toulousain quelque chose du plus véhément de nos chants nationaux.
Non, certes, je n'ai jamais rien éprouvé de pareil à ce que j'ai ressenti
dans cette soirée. Merci donc à vous, merveilleux chanteurs, et je
vous renouvelle ici le témoignage que le Dr Montano, Toulousain par
excellence, dans son enthousiasme, vous a donné et que je vous ai
donné avec lui. Je ne fais plus qu'un vœu à ce sujet, c'est qu'un jour
quelque barde lorrain inspiré trouve de pareils accents pour chanter
Nancy et la Lorraine !

Tels furent les marques d'hospitalité que nous reçûmes dans les
villes de Douai et de Toulouse ; courtes, mais agréables diversions aux
travaux de notre congrès.

Et maintenant revenons à l'œuvre annexe de nos sessions annuelles :
les expositions.

J'ai rendu compte de celle de Douai, l'an dernier, en même temps que
de l'exposition de Bar-le-Duc. Ces deux expositions avaient conservé
un caractère plus exclusivement géographique et rien ne venait chan-
ger l'ordre des idées de celui qui les parcourait.

Tout autre fut l'exposition de Toulouse, et si la géographie y tenait
la plus grande et la première place, elle avait un caractère d'universa-
lité dû à la juxtaposition d'éléments très différents. Si, à plus d'un
point de vue, l'aérostatique et la photographie, — bien moins encore
que l'anthropologie, la géographie médicale, la météorologie, l'hydrologie, la botanique, la zoologie et l'ethnographie, — ont plus d'un rapport avec la géographie, on ne saurait en dire autant des arts
rétrospectifs et de la céramique, encore moins de l'exposition, super-
lativement intéressante du reste, de certains industriels de Toulouse :
tuiliers, bétonneurs, plâtriers, cimenteurs, menuisiers, tailleurs et tail-
leuses, etc..., qui ont cependant cherché à se rapprocher (?), le plus
possible (??), du caractère géographique de l'exposition.

Ceci n'est pas une critique, si l'on veut, car l'exposition étant annoncée comme universelle, à ce titre il n'y a rien à dire. Au contraire,
me dira-t-on, ces divers éléments ont contribué à son éclat et la première condition d'une entreprise de ce genre, c'est d'y amener le
public par des attraits un peu moins rébarbatifs que ceux, par exemple, d'une exposition scolaire.

Je reviendrai sur ce point à la fin de ce travail ; en attendant, je déclare que l'exposition de Toulouse a été vraiment splendide, un vrai

succès et si, pour importante qu'était la section scolaire, elle se ressentait d'un certain effacement, — allez donc comparer l'éclat et l'attrait d'un salon Louis XV ou d'une chambre mauresque à ceux d'une salle tendue de cartes barbouillées par des enfants d'école ! — seuls, pouvaient avoir à en pâtir, sans oser se plaindre, ceux qui, comme l'auteur de ces lignes, sacrifient l'attrait d'une charmante excursion [1] pour fouiller un peu dans ces petits cahiers d'enfants, examiner les travaux de leurs maîtres, regarder d'un peu près les publications géographiques qu'on met entre les mains de tous.

Et puisque c'était là que portait mon examen de prédilection, on me pardonnera de débuter par cette section, tout en déclarant que les limites déjà si étendues de ce travail et le temps que j'ai pu donner à l'exposition ne me permettent pas autre chose qu'un examen sommaire.

Des 8 départements dont se compose le ressort académique de Toulouse, un seul n'avait pas répondu à l'appel : c'est celui des Hautes-Pyrénées. Mais, sur les sept autres, le premier en ligne est, de beaucoup, le département du Lot, comme qualité et quantité. Aussi je constaterai que sa large participation a prouvé, de la part de l'inspecteur d'académie du Lot, M. Cazes, et de l'inspecteur primaire de la 2ᵉ circonscription de Cahors, M. Baumier, tous deux lauréats récompensés avec éloges, un zèle que l'on ne saurait trop citer en exemple, et les progrès les plus sérieux apportés au développement de l'enseignement géographique.

Si je ne considérais que cette seule partie de l'exposition scolaire, je dirais, sans parti pris, qu'elle ne s'élève peut-être pas encore au niveau de la bonne moyenne de nos départements de l'Est ; mais, comparée à celle de l'ensemble du groupe académique de Toulouse, elle a une supériorité marquée.

Ainsi, prenant d'abord la série des monographies faites par les instituteurs, — ce qui est à certains égards le criterium de l'initiative et du savoir des maîtres [2], — le département du Lot en présente 150, la Haute-Garonne 37, le Gers 21, le Tarn 13 et l'Ariège 2. Regardez un peu quel incroyable écart. Ce n'est pas que les 150 du Lot soient toutes des chefs-d'œuvre, il s'en faut, et si je prends pour base d'appréciation la liste des récompenses, je trouve, pour le Lot, 20 médailles d'argent, 8 de bronze et 27 mentions honorables (en tout 55 récompenses) ; — pour la Haute-Garonne, 9 médailles d'argent, 5 de bronze

---

[1] Pour pouvoir consacrer un jour à l'exposition et tout particulièrement à l'exposition scolaire, j'ai refusé de prendre part à l'une des plus intéressantes excursions : celle à la Montagne-Noire et au bief d'alimentation du canal du Midi. Un autre groupe a visité, ce jour-là, Carcassonne.

[2] J'aurais pu ajouter : *et de leurs aptitudes.*

et 9 mentions honorables (en tout 23 récompenses) ; — pour le Gers,
5 médailles d'argent, 3 de bronze et 9 mentions honorables (en tout
17 récompenses) ; — pour le Tarn, 11 médailles diverses et mentions,
— pour le Tarn-et-Garonne, 3 idem ; — pour l'Ariège enfin, 2 mentions.
Donc le coefficient de valeur du Lot, par rapport à la Haute-Garonne,
passe de 1/3 à 2/3, et à 4/5 par rapport au Gers ; mais il n'en reste
pas moins un contingent considérable de 28 premières récompenses
dans le premier de ces départements contre 14 dans le second et
5 dans le troisième : on peut juger par là du stimulant énergique que
procure aux maîtres de bonne volonté et d'initiative leur participation
aux expositions géographiques.

Il m'a été impossible de faire l'inventaire des travaux de maîtres et
d'élèves, le catalogue de l'Exposition, — bien qu'il forme une bro-
chure importante de 156 pages. — étant très sommaire à cet égard ;
mais je puis affirmer qu'à de très légères variantes près, les proportions restent les mêmes, dans les divers départements, comme valeur
et comme importance, entre les travaux scolaires et les monographies.

Je dois cependant signaler les exposés méthodiques, tant au point de
vue pédagogique que cartographique, au nombre de dix en tout et dont,
si je puis disposer de quelque place à la fin de ce travail (¹, j'exami-
nerai quelques-uns.

Treize reliefs, dont douze sont dus aux maîtres (6 pour Toulouse) et
un aux élèves de l'école primaire supérieure de Montcuq, témoignent
de tentatives à encourager, encore qu'ils soient bien loin des reliefs de
M. Mangin, de Goviller (Meurthe-et-Moselle). ou de M. Lemoine, de
Beauzée (Meuse) et de plus d'un de nos bons instituteurs des Vosges. Cependant il en est un d'un caractère spécialement historique que je ne
puis omettre, c'est le *plan relief des divers lieux qui prétendent
répondre à la description des* Commentaires *de César (livre VIII)*, par
MM. Vidal et Salguar, professeurs au cours normal d'instituteurs de
Cahors, et qui justifie d'une intelligente application de la géographie à
l'histoire.

J'ai constaté, non sans un certain regret, que le catalogue, classant
à part l'exposition de l'Institut des frères de la Doctrine chrétienne,
avant même les écoles communales seules placées sous la rubrique
Instruction publique (et dans cette dernière catégorie sont également
les écoles libres laïques), semble considérer cet Institut comme en
dehors de l'instruction publique et lui donner une priorité que certes
il ne justifie pas.

Je sais bien qu'en faisant cette déclaration, je vais à l'encontre des

<hr>

(¹) Aux Pièces justificatives.

idées qui m'ont paru prévaloir dans l'opinion de nos collègues de Toulouse ; mais rien ne saurait m'empêcher de dire ce que je crois être la vérité, et je le fais avec d'autant plus d'impartialité que je reconnais volontiers les efforts accomplis et les résultats obtenus par cet établissement. Seulement c'est toujours un danger que de surfaire ceux que l'on veut voir appréciés, et certainement, incontestablement, l'opinion était surfaite sur l'Institut des frères de la Doctrine chrétienne à notre arrivée à Toulouse. Je n'ai pas à en rechercher la cause ; peut-être cela tenait-il uniquement à un grand éclat de mise en scène, à un encombrement littéral de surfaces murales et de salles nombreuses, mais absolument isolées de la section de l'enseignement et je pourrais même dire mieux en vue. Les cartes murales, en très grand nombre, couvraient peut-être une surface de plus de 100 mètres carrés et la plupart étaient dues au frère Alexis.

Lors de ma première et assez rapide visite à l'exposition, c'est à qui me disait : « Allez voir l'exposition du frère Alexis » ou : « Avez-vous vu l'exposition du frère Alexis ? » et chacune de ces phrases était accompagnée de commentaires très laudatifs. Enfin, les cartes du frère Alexis étaient le *clou* de l'exposition de l'Intitut des frères de la Doctrine chrétienne.

C'était, je le répète, bien mal s'y prendre pour me faire apprécier une œuvre qui n'est pas sans mérite, mais qui est loin, bien loin d'approcher des louanges qu'on lui décernait. A la première déception muette, mais très visible, dont on s'aperçut de ma part, on ne manqua pas de répondre par l'énumération des hautes récompenses dont l'auteur de ces cartes avait été gratifié en Angleterre ou en Belgique, je ne sais plus trop.

Eh bien, je suis navré de le dire, mais une seule carte hypsométrique de France, faite dans le genre de celle de M. Levasseur, m'a paru réunir les conditions de vérité géographique que l'on puisse exiger de cartes destinées à l'enseignement ; toutes les autres, ou à peu près, rééditaient ces fameuses chenilles qui, dans les bonnes vieilles cartes que nous nous rappelons tous, avaient la prétention, en nous indiquant les limites des bassins, de nous donner, sur le même ton, et le massif des Alpes et le plateau d'Orléans. Une carte d'Europe notamment représentait le plateau de Valdaï comme s'il avait, je ne dirai pas l'altitude du Caucase, mais au moins celle des Balkans.

Si je m'appesantis sur ce point, au grand dommage de l'illusion que l'on se faisait sur l'œuvre du frère Alexis, c'est que ces cartes sont éditées par lui, répandues dans les écoles qui ressortent de l'Institut des frères, et qu'il est de mon devoir d'être aussi sévère pour lui que je me le suis montré, dans les précédentes expositions, à l'égard des éditeurs laïques qui spéculent sur l'ignorance du public pour lui vendre, sous le nom de cartes, des morceaux de papier coloriés qui ne valent pas une image d'Épinal.

Si j'éprouve une difficulté majeure, faute de détails suffisants au catalogue, pour me guider dans les travaux des écoles primaires, ledit catalogue, en revanche, me présente toute facilité pour suivre en tous points l'exposition de l'Institut des frères de la Doctrine, encore qu'un certain ordre y manque.

Cependant je constate que l'*Institut* a fait *donner* toutes celles de ses écoles où il a trouvé des matériaux (¹), car je trouve dans son exposition celles des écoles chrétiennes de Lyon, Marseille, Béziers, Cambrai, Aurillac, Roubaix, Tourcoing, Nolay, Montauban, Montpellier, Auch, Avignon, Angers, Pau, Lavaur, Privas, Orléans, Albi, Mur-de-Barrez, Aubin, Milhau, Wattrelos, Muret, Fécamp, Bordeaux, Bergerac, Charleville, Samatan, Castres, Uzès, Nantes, Lille, Commentry, Saint-Bonnet-le-Château, Chambéry, Bourg-d'Oisans, etc., etc., jusques et y compris une mappemonde faite par les élèves cochinchinois de l'école chrétienne de Saïgon et qui, ma foi, n'est pas plus mauvaise que beaucoup d'autres. Un relief dû à l'école de Gua (Aveyron) et d'autres de la Côte-d'Or, de Bayonne, d'Annecy, de Rodez et de la province de Liège, forment le contingent, dans cette catégorie, de l'Institut des frères.

Dans l'enseignement congréganiste, — mais compris dans la série commune que j'ai citée précédemment, — figurent des reliefs dus aux frères de la Daurade, de Toulouse, du frère Indaler, des frères de Cahors, du frère professeur à l'École primaire supérieure congréganiste de Puy-l'Évêque et, enfin, des cartes muettes peintes par les frères du quartier Saint-Aubin à Toulouse.

En somme, rien de saillant à signaler, car tout, — excepté les reliefs, — se ressent de l'influence du matériel scolaire du frère Alexis.

Il eût fallu toute la durée de notre séjour à Toulouse pour examiner avec attention les cahiers, tant des écoles laïques que des écoles congréganistes, et encore ce temps eût-il suffi à peine à l'examen de ceux qui paraissaient les plus dignes d'attention.

Mais il ne fallait pas avoir pour cela encore vingt autres salles d'exposition d'objets vraiment intéressants à visiter, ni la besogne d'un congrès à suivre. Cependant ce que j'en ai pu voir, tant d'un côté que de l'autre, confirme mon appréciation première.

(¹) Malgré cela, ils occupaient moins de place encore que ceux des écoles communales des départements précités.

Les quatre précédentes pages étant consacrées à la partie essentielle de l'exposition, il me sera permis maintenant d'en faire parcourir à mes lecteurs les autres salles. Celles-là du moins ne m'offrirent que des objets diversement dignes d'intérêt et d'admiration.

Arrivons à l'exposition comme si nous n'avions encore rien vu. Une vaste cour précède un large péristyle richement décoré dont l'entrée, couverte d'un store immense, qui protège à peine les arrivants contre un soleil tropical (c'était en juillet), aboutit au salon d'honneur, — immense salle transversale où, entre autres choses remarquables, on trouve, à droite, des portraits d'explorateurs, les épaves du naufrage de Lapérouse ainsi que l'anémomètre de Mgr de l'amiers ; — à gauche, au milieu de l'exposition aérostatique, le *Cosmopolite,* petit ballon de M. Jules Fourcade (¹), et l'exposition du *Talisman.* On sait quelle a été la mission scientifique de ce navire et quels nombreux résultats ont été obtenus par ses sondages. Une longue série de dessins permet de se rendre compte des espèces animales recueillies à des profondeurs atteignant parfois 5,000 mètres, ainsi que des appareils ingénieux qui ont servi à ces opérations délicates.

Au delà, toujours à gauche, se trouve la salle intitulée : *Hydrologie* (²), *météorologie* (³), *géographie médicale* (⁴) *botanique* (⁵), *zoologie* (⁶) ; puis la salle de la *géologie et minéralogie* divisée en quatre sections également remarquables : 1° Pyrénées françaises et espagnoles (⁷), 2° Paléontologie régionale ; 3° Minéralogie, mines ; 4° Animaux quaternaires des grottes des Pyrénées et cartes géologiques diverses.

L'escalier qui conduit aux deux étages supérieurs est orné principa-

---

(¹) Les membres du Congrès doivent des remerciements à M. Fourcade pour l'ascension qu'il a faite à leur intention dans le *Cosmopolite,* laquelle a été un nouveau divertissement pour nous et s'est accomplie dans les meilleures conditions. On voit par là combien, à défaut de réceptions officielles, nos hôtes ont pris à tâche de nous faire fête : ils y ont réussi.

(²) Là sont exposées les eaux de Dax, Baréges-St-Sauveur, Bagnères-de-Luchon, de Cadéac, de Reveille, de Molitg, de Prugnes, de Lacaune et de Lamalou.

(³) Diagrammes et graphiques résumant les observations recueillies aux observatoires de Toulouse et Barcelone, carte spéciale des orages dans le Sud-Ouest, de M. Salles, ingénieur en chef. et les cartes météorologiques de votre serviteur, faites pour le cours de géographie médicale de M. le Dr Poincaré, professeur à la Faculté de médecine de Nancy).

(⁴) Ici votre serviteur reparaît avec les cartes des maladies endémiques et épidémiques de M. le Dr Poincaré. Il y a en outre la carte des bègues du Dr Chervin et le manuscrit d'un voyage de Bougainville (?).

(⁵) Trois herbiers Dr Leboeuf, de Cahors, Bordères, instituteur à Gèdres, Fourcade, à Luchon).

(⁶) M. de Folin : résultats des sondages dans le golfe de Gascogne et autour des îles de l'Atlantique ; M. de Séïe : résultats de sa mission scientifique en Irlande en 1883.

(⁷) a. Espagne ; b. France ; c. Portugal.

lement par la belle collection photographique de la commission des *Monuments historiques*, prêtée par M. le ministre de l'instruction publique, et par une pendule géographique de M. Bourgade, horloger à Toulouse.

Au premier étage, dans une salle à gauche, se trouve l'exposition de *cartographie ancienne et de numismatique* caractérisée par les atlas de Sanson, de Mercator, de Danville, de Hermann de Nuremberg, et par les cartes de la topographie de la Gaule (1641) et le périple de Scylax (1539, Amsterdam) ; — puis, à l'extrémité, toujours à gauche, la collection Cazeneuve, incroyable et riche bazar où l'on trouve la feuille de route de Dumont-d'Urville à côté du squelette sympathique, des faïences italiennes à côté d'albums chinois, des parchemins russes à côté de divinités, de statuettes et de scarabées égyptiens, le tout accompagné de vitrines garnies de milliers d'objets de toute espèce, et de mannequins japonais et chinois, etc., etc., etc.: il serait tout aussi difficile de faire l'inventaire de ce brillant et curieux fouillis que de dire ce qui ne s'y trouve pas.

En suivant la face postérieure du bâtiment et en revenant à droite, on traverse la série des six grandes salles consacrées aux époques suivantes de l'art rétrospectif : *Moyen âge, Renaissance, Henri IV et Louis XIII, Louis XIV, Louis XV et Louis XVI,* immense collection de plus de 250 objets mobiliers, qui n'est plus du domaine de la géographie et encore moins de ma compétence.

J'en dirai tout autant de l'admirable exposition de *Céramique*, à la suite de la précédente, qui eût fait les délices de notre cher collègue, M. E. Gallé.

A l'extrémité de droite, en face de la céramique, il y a la petite salle des *Missions catholiques*, laquelle a été principalement décorée de croquis et dessins envoyés par les missionnaires et de cartes destinées au *Bulletin hebdomadaire illustré des Missions catholiques*. La pièce principale de cette série, est un *planisphère des croyances religieuses*, corollaire naturel du grand ouvrage que prépare M. Louis Desgrand dont j'ai eu déjà l'occasion de parler.

En sortant de cette salle, on entre dans celle du *Vieux Toulouse :* collection archéologique fort remarquable, dont les plus importants morceaux cependant ne paraissent guère remonter au delà du commencement du xviie siècle.

Nous montons au deuxième étage dont l'aile gauche (partie postérieure) comprend toutes les expositions scolaires dont j'ai déjà parlé, et (à l'extrémité) l'exposition anthropologique dont M. Cartailhac nous avait fait les honneurs. Celle-ci, qui ne comprend pas moins de 116 exposants, nous fait remonter jusqu'à l'homme tertiaire. MM. Chantre

(Ernest), Charnay (Désiré) et le Dr Montano y ont fait figurer une collection de crânes rapportés des différents points de la terre; dans la collection de M. Cartailhac figurent deux crânes, l'un avec des traces de trépanation cicatrisée et l'autre de trépanation posthume, appartenant à l'âge de la pierre polie ([1]).

En face de l'escalier, commence la série des salles de l'*Ethnographie*, dont la 1re est affectée à *l'Amérique et à l'Océanie,* la 2e à *l'Asie* et la 3e à *l'Afrique,* celle-ci ayant pour annexe des plus curieuses une *chambre mauresque* à la décoration de laquelle ont contribué les exposants des trois premières salles ([2]), et dont les honneurs sont faits par un gracieux mannequin représentant une odalisque en grande toilette d'intérieur.

Ici, quelle que bonne volonté que j'aie, je ne saurais entreprendre la description de ces immenses collections ethnographiques comprenant plus de 120 panoplies, groupes ou objets provenant des cinq parties du monde, et rappelant, en réduction, les salles du Trocadéro. Que nos lecteurs se représentent un ensemble dix fois plus considérable que ce qu'ils ont pu voir à Nancy en 1880, dans ce genre, et ils auront à peu près l'idée du merveilleux coup d'œil présenté par l'*Ethnographie* à Toulouse.

A cette exposition aussi se rattachent les deux curieuses salles de Roumanie, exclusivement décorées par M. le prince Ghika. A une collection complète de costumes, d'objets de ménage ou de travail, d'étoffes et d'instruments de musique est jointe une série de portraits de famille, de vues, de cartes, de portraits roumains : on se croirait à Bukarest.

Si les *Missions protestantes* n'ont pas eu une salle spéciale (?), on ne saurait méconnaître la part qu'elles ont prise à l'exposition ethnographique, avec des cartes de la région zambésienne principalement, et trois cents objets environ provenant des pays des Bassoutos, des Barotsés, de l'Afrique sénégalaise, enfin de l'Océanie et du Groënland.

En reprenant à droite, pour revenir à l'escalier par la face antérieure du bâtiment, on rencontre la salle consacrée aux laboratoires maritimes de *Banyuls* (Pyrénées-Orientales) et de *Roscoff* (Finistère). On sait que ces laboratoires sont créés pour l'étude de la flore et sur-

---

[1] Au nombre des exposants figure aussi M. Gustave Marty, l'auteur d'un excellent travail sur la *Caverne de Moulhour* ou de *l'Herm* (Ariége) dont il a exécuté la topographie si curieuse et si étrange à la fois. Nous y reviendrons dans les pièces justificatives, au moins pour ce qui se rapproche le plus de l'histoire de la terre.

[2] MM. les commandants Trachy et Blanchot, M. le prince Ghika, MM. Fournier, Millas, Saile, Martin, Scherer, Armieux, Trutat, Raoul, Romestin, Gineste, Flénchi de Boisse, d'Escudié de Villestang, du Paty de Clam, Quevillon et Decomble.

tout de la faune sous-marine dans des conditions complètes de conservation que les laboratoires les mieux installés à l'intérieur ne sauraient offrir. Observations et recherches sur les animaux marins et leur distribution géographique ; envois d'animaux vivants aux Facultés des sciences pour l'enseignement : tel est leur but pratique.

La salle de la *Société de géographie commerciale de Paris* est contiguë à celle-là.

On sait que cette société a pris à tâche de justifier son titre et de prouver combien son œuvre est profondément utile au commerce en créant un ensemble de collections de tous les produits rapportés par nos explorateurs de chacun des pays qu'ils ont parcourus, avec tous les renseignements utiles concernant ces produits.

Le contingent de ces collections est déjà très respectable et fait souhaiter de le voir grossir rapidement. C'est pour moi à la fois un plaisir et un devoir de le signaler, car les membres de la Société de géographie de l'Est y reconnaîtront plus d'un nom qu'ils ont applaudi ; ce sont celles de MM. *Vossion* (Soudan égyptien) [1], *Revoil* (Comalis), *Marche* (A.) (Philippines), *Landsthur* (Algérie), *Wiener* (Amazone), *Brun* (Achantis), *Chesse* (Guyane), *Rolland* (Malacca), *Polliart* (Rio-Nunez), *Collin* (Afrique occidentale), *Billiez* (Sénégal), *Lemire* (Nouvelle-Calédonie, Nouvelles-Hébrides, Indo-Chine), cette dernière comprenant en outre des manuscrits khmers et des travaux inédits du voyageur. C'est évidemment là le point de départ d'un précieux musée commercial et colonial, et je ne puis faire de plus bel éloge de la *Société de géographie commerciale de Paris* que de souhaiter de voir son exemple suivi par toutes les Sociétés de géographie de France dans la limite de leur sphère d'action.

Tout à côté se trouve une salle consacrée à la *Société de géographie de Lille*. Savez-vous bien que je commence à trembler pour les futurs organisateurs du Congrès, si toutes les Sociétés de géographie se mettent à avoir chacune besoin d'une salle ?

Toujours est-il que la Société de géographie de Lille s'est montrée digne de figurer à côté de sa sœur aînée.

Son exposition comprend cinq catégories d'objets ou de travaux : 1° ouvrages appartenant à la bibliothèque de la Société (cartes et publications anciennes); 2° monographies et relations diverses faites par des membres de la Société ; 3° cartes et plans, idem ; 4° reliefs ; 5° objets d'enseignement de la géographie.

Tout n'offre pas un égal intérêt dans ces diverses séries ; un peu

---

[1] Les mots entre parenthèses indiquent les pays explorés par les voyageurs dont ils suivent le nom.

plus de restriction dans les choix eût plus profité que nui à cette tentative très louable et très heureuse en somme.

Nous voici dans les deux salles du *Ministère de l'agriculture* ; c'est la première fois, si j'ai bonne mémoire, que ce ministère figure dans une exposition géographique. Si l'on peut contester que l'agriculture ait de nombreux rapports avec la géographie, on conviendra qu'elle en a beaucoup avec la géologie et la cartographie, sans compter ceux que l'avenir lui réserve avec les questions de géographie coloniale. En attendant, nous nous trouvons en présence ici d'une quantité considérable de cartes géologiques, de cultures et de statistique agricole ; d'atlas divers, d'albums, de plans en relief des régions vinicoles de l'Hérault et d'aquarelles représentant les divers types d'animaux domestiques et destinés à l'élevage ou à l'exploitation agricole, sans oublier les espèces caprine et mulassière.

Et puisque nous sommes sur le chapitre des ministères et que nous en avons fini avec le deuxième étage, montons immédiatement au troisième, où nous trouvons les travaux des *Ministères de la guerre, de l'intérieur*, des *travaux publics*, de la *marine* et des *affaires étrangères*.

J'ai publié l'an dernier un travail aussi complet et aussi consciencieux que possible sur les travaux des quatre premiers de ces ministères [1] et je n'ai pas à y revenir pour cette fois. M. le colonel Perrier m'avait bien dit y avoir constaté quelques erreurs de détail, mais n'ayant pas assez d'importance pour être relevées. Cependant j'aurais volontiers saisi cette occasion de les rectifier si elles en avaient valu la peine. Je me contenterai donc de dire que tous quatre, sans en excepter le ministère de la marine, se sont multipliés à l'envi pour fournir à l'exposition de Toulouse la collection la plus complète de leurs plus beaux spécimens, les plus susceptibles du moins de faire ressortir les progrès qu'ils ont réalisés.

Je ne saurais cependant passer sous silence la magnifique collection d'aquarelles du ministère de la guerre, dues à l'habile et merveilleux pinceau de M. *Comba*, et les premières feuilles de la carte d'Afrique au $\frac{1}{200000}$e du même ministère, sur laquelle je me propose de revenir plus amplement un jour ; — ni le beau panneau des Alpes en éclairage oblique et le panneau de carte cantonale (Lunéville) agrandissement au $\frac{1}{50000}$e de la carte au $\frac{1}{100000}$e, faisant partie de l'exposition du ministère de l'intérieur.

De même que le ministère de l'agriculture, celui des affaires étran-

---

[1] Voir le *Bulletin de la Société de Géographie de l'Est* de 1881 et le compte rendu général du Congrès de Douai.

gères figure, pour la première fois, dans nos expositions géographiques avec une fort intéressante collection de cartes rétrospectives ; quand je dis : de cartes, je dois ajouter : de plans de ville et d'atlas de même catégorie.

A côté de l'exposition des ministères viennent celles de l'*École d'application de Fontainebleau* (¹) et du *Conservatoire des Arts et Métiers*, comprenant principalement les appareils et les dessins du *colonel Laussedat* (²) ; celle encore des beaux travaux topographiques de l'*État-major espagnol*, dirigés par l'éminent *colonel Coello* ; celle enfin du *Bureau topographique fédéral de Berne*. Pour chacune d'elles il faudrait tout un mémoire explicatif et un travail d'appréciation technique qui exigeraient un cadre trop étendu.

Puis viennent les expositions de la *Société de géographie de l'Est* (³) ; de la *Société des touristes du Dauphiné*, dont j'ai parlé à propos de l'exposition de Bar-le-Duc ; de la *Société de géographie de Lyon* (⁴) ; des *Sociétés de géographie de Marseille* (⁵), d'*Oran* (⁶), de *Dijon* (⁷) ; de l'*Union géographique du Nord* (⁸) ; de la *Société de géographie de Madrid* (⁹) ; de la *Société de topographie de France* (¹⁰) et du *Club alpin français*, celui-ci déjà signalé dans mes précédents rapports, spécialement pour ses splendides panoramas des Alpes et des Pyrénées.

La *Société de géographie de Bordeaux* mérite une mention à part, pour son exposition de cartes et de documents commerciaux ou autres. Encore un peu il eût fallu une salle entière, à elle aussi ; — ainsi que la *Compagnie du Midi et du canal latéral de la Garonne* pour les cartes de son réseau et le détail de tous ses ouvrages d'art.

Puis les éditeurs......

Il me faut, malgré quelques tentatives que j'approuve, mais qui sont restées l'infime exception, rester avec mes appréciations antérieures,

----

(¹) A, Cours d'art militaire et géographie militaire ; B, cours de topographie ; C, cours des sciences appliquées à l'industrie ; D, ateliers de lithographie et de photographie.

(²) Appareils photographiques et autres pour le lever rapide des plans ; vues panoramiques ayant servi particulièrement à dresser un plan très exact des travaux d'attaque de Paris (1871) ; croquis ou gouaches servant à l'enseignement donné au Conservatoire au point de vue topographique et géologique.

(³) Toute la collection de mes cartes manuscrites et éditées.

(⁴) Principalement des cartes séricicoles et des industries extractives de France.

(⁵) Cartes de la région provinciale ; **Bulletin de la Société**, etc.

(⁶) Bulletin de la Société, etc.

(⁷) Ouvrages de M. P. Gaffarel.

(⁸) Bulletin de la Société ; atlas des anciens plans de Paris ; Pyrénées illustrées.

(⁹) Bulletin de la Société.

(¹⁰) Leçons du capitaine Lagarde et du capitaine Dennery ; quelques cartes et ouvrages. Une collection de documents anciens, cartes et livres, appartenant à M. Allain, membre de la Société.

ne demandant pas mieux qu'une prochaine exposition me prouve que la plupart d'entre eux ont *dépouillé le vieil homme* et surtout abandonné les vieux clichés ou les procédés de cartographie, plus que fantaisistes, dont bon nombre de publications se ressentent encore trop.

Mais si, de ce côté, et pour plus d'une raison, je suis obligé au *statu quo,* je n'ai aucune hésitation quand j'arrive à la collection de travaux de M. *Franz Schrader* sur les Pyrénées ; — du *commandant Blanchot* sur la même région ainsi que sur des itinéraires au Mexique exécutés sur place par l'auteur ; — de M. *Vallon,* géographe à Montauban, encore sur les Pyrénées : je m'incline et j'admire franchement, sans réserve, chacun apportant là, dans des variantes inévitables de mérite, toute la conscience, tout le travail, tout le savoir dont ils sont susceptibles, et ce n'est pas peu dire.

Nous retrouvons le commandant Blanchot, — décidément cet homme a toute la science du géographe, toutes les aptitudes d'un explorateur, tous les talents d'un artiste, — avec ses belles aquarelles et ses profils des Pyrénées dans la salle spécialement consacrée au panorama de cette chaîne merveilleuse ; mais il se trouve là, je ne dirai pas en concurrence, mais côte à côte, avec un émule, M. Decomble, qui, dans la spécialité d'aquarelliste, tient peut-être la première place avec quarante-quatre vues très remarquables.

La *Société des excursionnistes catalans,* de Barcelone, tient, dans cette même salle, une place importante avec des dessins, itinéraires, cartes, panoramas, photographies et publications diverses ; puis ce sont des collections innombrables de photographies de toute la région pyrénéenne exposées individuellement par les membres français de cette société.

Au milieu de cette salle, on trouve un vaste plan en relief de Luchon avec une section des Pyrénées centrales ; nous en retrouverons plus tard un pareil à Luchon même.

Et puisque je suis ramené aux reliefs, revenons dans la grande salle du troisième étage, que nous avons quittée un instant, pour y admirer encore des reliefs vraiment scientifiques dus à MM. *Thuillet,* lieutenant d'artillerie, *Ferret,* capitaine d'infanterie, *Loudié,* capitaine d'artillerie, *Blanchot,* — toujours lui, — chef de bataillon, breveté, d'infanterie ; ces reliefs ayant toujours pour objet les Pyrénées et leurs chaînons secondaires.

Un autre officier supérieur, M. le *colonel Fain,* du 83e de ligne, se signale par deux plans : l'un de Damas et l'autre de ses environs, tous deux manuscrits.

Et voici, non loin des reliefs, une exposition de la *Société de géographie de Paris,* que l'on pourrait appeler l'exposition des *isthmes,* car ce sont les plans ou vues des isthmes de Panama, de Suez et de Corinthe. Cette exposition-là n'est pas encombrante, elle ne cherche ni l'effet, ni le tapage, mais elle porte juste et elle résume à la fois la pensée et les œuvres de la plus grande personnalité de notre temps : M. de Lesseps.

J'en passe de nombreux et non des moindres : un volume n'y suffirait pas, et d'ailleurs je n'ai pas pris, ni pu prendre à tâche de refaire un catalogue complet.

Cependant je signalerai encore des cartes de la région des chotts et des publications relatives au projet de mer intérieure du commandant Roudaire, question à laquelle nous voyons avec regret le nom du grand Français attaché.

Puis un plan gigantesque, de 60 mètres de long, du projet de canal de l'Océan à la Méditerranée, à travers le Sud-Ouest de la France, par les vallées d'Aude et de Garonne, à l'échelle de $^1/_{10000}^e$. Cet immense travail manuscrit est dû à la *Société d'études des travaux français*, à Paris.

Enfin, en redescendant dans le jardin, nous avons sous les yeux une exposition complète d'horticulture, puis l'exposition forestière qui n'a pu trouver place dans les salles et qui présente toutes les essences d'arbres des Pyrénées, disposées suivant l'échelle d'altitude maximum et minimum de leur végétation : il n'y a pas moins de 39 espèces classées depuis l'alisier terminal, dont la zone de végétation va de 0 à 400 mètres, jusqu'au pin à crochets, que l'on trouve à la cote de 1,600 mètres jusqu'à celle de 2,400 mètres.

Telle est, ou du moins telle fut, dans son ensemble la grandiose exposition géographique, — car, malgré tout, elle fut plus géographique encore qu'universelle, — que la Société de Toulouse nous a présentée. Elle a rendu difficile à toutes les autres l'organisation d'une exhibition aussi magistrale : je ne crois pas qu'il soit jamais possible de faire plus, s'il l'est jamais de faire autant, même dans une grande ville de province. Mais il n'y a pas là de quoi décourager les bonnes volontés ; moins considérables, les expositions n'en seront que plus accessibles, plus intelligibles et, à tout le moins, aussi profitables. Trop étendues, elles présentent trop de côtés faibles et il n'est pas à dire qu'elles soient plus instructives. Il faut vraiment avoir pu, comme le commandant Blanchot, remuer des montagnes et avoir surtout rencontré des collaborateurs comme MM. Cartailhac, Decomble et Gineste, pour mener à bonne fin une telle entreprise ([1]). On n'a pas idée de ce

---

([1]) Il n'est pas douteux non plus que la personnalité du commandant Blanchot, si justement appréciée en haut lieu, n'ait été pour beaucoup dans le concours si largement obtenu des ministères et des administrations locales.

que contenaient ces *quarante salles*, ces immenses couloirs tellement remplis que la vaste cage de l'escalier était elle-même encombrée du trop-plein.

Aussi désirons-nous vivement que les futurs organisateurs de nos expositions géographiques ne tentent pas une entreprise pareille, car ils courraient le double risque, soit d'échouer, soit de faire perdre à l'exposition ce qu'elle doit avant tout avoir : un caractère exclusivement géographique. Non que l'on doive rejeter l'ornementation et certains attraits seuls capables d'attirer le public en nombre, encore moins que l'on doive négliger tout ce qui a rapport aux sciences qui tiennent de si près à la géographie qu'elles semblent en relever directement ; mais il faut se montrer sobre sur le choix et surtout se défendre de ceux dont les tendances envahissantes n'ont d'autre cause que leur médiocrité.

Ainsi l'exposition de Douai, déjà bien grande, n'atteignait pas à beaucoup près la moitié de celle de Toulouse. Elle fut aussi beaucoup moins courue, beaucoup moins recherchée, trop de circonstances lui étaient défavorables et surtout elle manqua d'un catalogue : on se rappelle que ce fut là, pour moi comme pour les autres, une difficulté matérielle pour la visiter avec fruit. Mais elle fut plus spécialement géographique et surtout fut plus consacrée à l'enseignement, grâce au milieu universitaire dans lequel elle avait lieu. Toulouse est aussi une académie importante, mais il semblait que celle-ci se fût tenue officiellement à l'écart.

Cependant l'importance de la ville de Douai n'est pas à comparer à celle de Toulouse et si l'on y joint cette circonstance que le lycée de la ville de Douai, où se fit l'exposition, est dans une rue peu fréquentée et située loin du centre de la ville où d'ailleurs se tenait le Congrès, on comprendra que la différence entre les deux exhibitions fut capitale.

Cela nous mène à dire qu'il faut que les futurs organisateurs des Congrès, s'inspirant des précédents et de l'expérience acquise, cherchent à spécialiser les expositions géographiques et, chaque fois que cela est possible, les installent dans des locaux moins vastes et plus rapprochés des milieux fréquentés. Qu'ils ne visent pas à les rendre universelles, car il y a toujours moyen de créer des attractions dans l'appoint fourni par les sciences connexes de la géographie : l'ethnographie, l'archéologie, la géologie, l'anthropologie, la géographie botanique et la zoologie suffisent à varier une exposition sans la faire dévier de son objet principal.

Ce fut la caractéristique de l'exposition de Douai : elle manqua un peu de ce qu'il y eut de trop à Toulouse ; mais, du moins, elle fut surtout l'exposition de l'enseignement géographique.

Pour terminer l'œuvre du congrès de Douai, j'ai à raconter maintenant les excursions ou plutôt celles des deux excursions que j'ai suivies, car il y en eut deux simultanément : l'une dans les ports français de Dunkerque, Calais, Boulogne et revenant par Saint-Omer ; l'autre en Belgique par Valenciennes (Denain-Anzin), Bruxelles et Anvers. J'optai pour la première, car déjà, au congrès de géographie commercial de Bruxelles en 1879, j'avais fait la seconde et j'en ai donné le résumé dans mon compte rendu de cette époque, tandis que je considérais comme particulièrement intéressante l'étude de nos grands ports du Nord au moment où, en exécution des plans Freycinet, on y accomplit d'immenses travaux d'agrandissement.

Toutefois, l'une et l'autre furent précédées, — au beau milieu du congrès, ce qui est très regrettable, et pareille faute fut commise à Toulouse, — d'une excursion à Aniches près Somain, pour visiter les industries de cette région et tout particulièrement les ateliers de la Compagnie d'Aniches.

Partis le jeudi matin 30 août (1883) de Douai, nous arrivons à Somain à 8 heures, et là une locomotive de la Compagnie d'Aniches, attelée à un train d'une demi-douzaine de voitures, nous attend pour nous conduire, par la voie spéciale de l'exploitation, devant la porte d'entrée de chacun des établissements que nous devons visiter. Je passe sur la visite faite à la *grande verrerie* de MM. Lemaire et à la *gobeletterie* de MM. Caton, industries très intéressantes d'ailleurs et très prospères, pour arriver à la Compagnie d'Aniches. On nous conduit en haut d'un puits d'extraction de houille ; mais nous sommes trop nombreux pour qu'il soit possible de nous revêtir du costume spécial en vue d'une descente dans le puits. On y supplée en éclairant avec des torches un *train* descendant et nous regardons, du haut, les lumières diminuer rapidement comme si l'on regardait une étoile par le gros bout d'un immense telescope pendant une nuit bien noire. A la sortie du puits, la houille passe sur des claies mises en mouvement par la machine à vapeur qui actionne tout le matériel d'extraction. Les grillages de ces claies, suivant leur écartement, classent le combustible en différentes grosseurs et des femmes enlèvent, au fur et à mesure qu'ils paraissent, les matériaux incombustibles parfois mêlés à la houille ; les *menus* trop fins pour brûler sur les grilles, même les plus rapprochées, servent à faire les briquettes. Nous allons voir alors la briqueterie. Je n'entrerai pas dans tous les détails de cette industrie fort intéressante. Je dois dire cependant combien est simple et original le procédé qui consiste à séparer les matières étrangères de la houille dans l'état de division si ténue où elle se trouve. C'est tout bonnement par un lavage dans de petits cuveaux en bois constamment agités dans lesquels on produit un courant

d'eau continu : les matières plus lourdes que la houille se placent dans
le fond et sont séparées du tout, avant l'arrivée du combustible bien
lavé, dans un récipient en fonte où pénètrent simultanément le gou-
dron qui sert à souder entre eux les fragments de houille, et un jet de
vapeur dont la température aide au mélange et complète l'action mécanique d'un agitateur. Les matériaux ainsi amenés à un état mou,
voisin de la compacité, passent sous la pression d'une sorte de piston
carré dont la course et la section limitent la longueur et la section de
chaque briquette. Celles-ci viennent s'étaler successivement sur un
long madrier d'où elles passent au séchoir à l'air libre.

Ces détails seraient bien superficiels si nous n'avions reçu commu-
nication d'un travail sur l'ensemble du bassin houiller du Nord de la
France, par M. Combessèdes, professeur à l'école des maîtres-mineurs.
On en trouvera un extrait aux pièces justificatives du congrès.

Le lendemain du jour consacré à Aniches eut lieu une visite au pei-
gnage Delattre, dans les environs de Douai. Elle offrait un intérêt trop
spécial pour me détourner du travail que je préparais à propos de la
seconde réunion des délégués que j'avais demandée.

C'est à la fin du congrès qu'eurent lieu les grandes excursions dont
j'ai parlé. J'ai dit que j'avais fait partie de celle qui avait pour objectifs
les villes de Dunkerque, Calais, Boulogne et Saint-Omer; je dois ajouter
qu'elle eut lieu sous la direction du sympathique recteur de l'Académie de
Douai, et son affabilité, son incomparable et philosophique égalité d'humeur, son caractère enjoué, sans se démentir un instant, ont doublé le
charme du voyage que nous avons fait en son aimable compagnie.

En principe, ce voyage fut une véritable marche triomphale (¹) et je
déclare en toute sincérité n'avoir rien vu de pareil, si ce n'est la réception princière qui nous fut faite, en 1884, à Luchon, à la suite du congrès
de Toulouse.

A l'arrivée à Dunkerque, c'est M. Terquem, adjoint au maire et président de la Société de géographie de Dunkerque (section de l'Union
géographique du Nord), suivi d'une partie du conseil municipal, de la
chambre de commerce et des membres du comité de la Société, qui
nous reçoit à la gare. La musique municipale nous donne une aubade
à l'arrivée et nous nous rendons à l'hôtel où l'on nous fait déjeuner à
la hâte, pour nous conduire, en profitant de la marée, faire une promenade en mer sur un des élégants remorqueurs de la chambre de com-

---

(¹) On verra par la suite qu'il n'y a là aucune exagération et que plus d'un prince
n'a pas été reçu comme nous l'avons été.

merce. Le bateau nous conduit, à cinq ou six milles du rivage, visiter un *feu flottant*. On sait que le *feu flottant* est une forte embarcation pontée à fond plat, solidement amarrée dans le voisinage des bancs de sable, et dont le mât unique, porte, de jour, une oriflamme et, de nuit, un phare mobile, pour avertir les navires des dangers qu'ils courraient. Quelques hommes et une femme sont là, de garde, nuit et jour, recevant des vivres toutes les semaines par les bateaux et n'étant relevés de cette dure faction qu'une fois par mois. Rude et sobre existence! Au retour, des voitures nous attendent pour nous emmener directement visiter les grands travaux du port.

A l'arrivée sur les chantiers, les honneurs nous sont faits par M. l'ingénieur en chef des travaux et nous les parcourons, sous sa conduite, d'un bout à l'autre.

On connaît le grand chenal et le port d'échouage qui, dans la direction du Nord-Ouest, relient le bassin du commerce à la mer, ainsi que la darse qui, du port d'échouage, aboutit au bassin de la Marine. Eh ! bien, non seulement on prolonge la darse en question aussi loin que le bassin de la Marine, mais trois darses nouvelles sont créées parallèlement à la première, limitées au Sud par la gare maritime et reliées entre elles à l'autre extrémité par les bassins dits de Freycinet, lesquels aboutissent, d'une part, au grand chenal par l'écluse de chasse et, d'autre part, au port d'échouge par les formes de radoub.

Nous voyons tout cela à l'état d'ébauche, éclairés par les explications de M. l'ingénieur en chef et par l'esquisse des travaux dont on nous donne un exemplaire. Une chose me frappe, c'est que pour construire ces vastes bassins dans un sol de sable, on remplit les parois maçonnées des darses avec le sable même, mêlé d'une certaine quantité de ciment et d'eau ; on *dame* le tout qui, en se desséchant, se durcit et forme un massif compact et imperméable.

Comme il nous reste encore assez de temps, cette visite faite, avant le dîner, les voitures nous conduisent voir la grande huilerie de MM. P. Marchand frères, l'une des plus importantes de France, et là nous assistons aux manipulations ingénieuses par lesquelles passe l'huile de pétrole pour en obtenir la clarification et le classement, depuis la distillation par la vapeur du pétrole brut jusqu'à la congélation et le pressage hydraulique de la paraffine (¹).

Les mêmes industriels nous font visiter une immense scierie qu'ils exploitent, tout à côté, et dans laquelle, pour la première fois, nous remarquons une machine à raboter le parquet, fournissant un copeau

---

(¹) On trouve dans le *Dictionnaire* de Larousse tous les détails concernant cette industrie.

lisse de la largeur de la planche (10 à 12 centimètres) et d'une longueur de 2 à 3 mètres. Ce copeau est très recherché et se vend relativement cher pour l'allumage ou certains emballages spéciaux.

Mais nous n'avons plus que le temps de rentrer à l'hôtel pour nous préparer au banquet qui nous est offert au Kursaal par la municipalité et la chambre de commerce de Dunkerque.

L'une et l'autre ont royalement fait les choses et, pendant le dîner, un excellent orchestre n'a fait qu'ajouter à la splendeur de cette réception.

Je ne saurais m'étendre ici sur toutes les ressources et sur tout le développement commercial de Dunkerque ; j'ai quelque peu effleuré cette question dans la conférence que j'ai faite à la Société, en octobre 1883, aidé des documents qu'a bien voulu m'envoyer M. le président de la chambre de commerce de cette ville, de la même manière que l'ont fait les présidents des chambres de commerce de Calais et de Boulogne. Pour ceux qui voudraient les consulter, je tiens à leur disposition les comptes rendus desdites chambres en date de 1882.

Cependant je signalerai deux choses concernant Dunkerque : là, on a déjà établi une certaine solidarité entre la chambre de commerce et la Société de géographie (Union géographique du Nord, section de Dunkerque). La première a doté la seconde, en 1882, d'une somme de 1.000 fr. destinée à un prix décerné au meilleur mémoire, mis au concours pour l'année 1883, sur les relations commerciales à établir entre l'Australie, la Plata et le Nord de la France, *par Dunkerque.*

Je souligne à dessein ces derniers mots, car il est bien le signe de la rivalité, très courtoise il est vrai, mais non moins vive, qui existe entre les trois ports de Dunkerque, Calais et Boulogne. Les projets Freycinet semblaient devoir faire de Dunkerque, l'Anvers français et les proportions données aux agrandissements de ce port justifient cette présomption. Mais comme cette expansion projetée ne peut guère se produire sans drainer, par contre-coup, une bonne partie du commerce des ports de Calais et de Boulogne, ces deux villes ont fait le possible pour avoir leur part du gâteau et ne pas être absolument sacrifiées à leur rivale. De là des agrandissements des deux ports dont je donnerai l'idée en temps utile.

Le second point que je signalerai et sur lequel les comparaisons peuvent s'établir, c'est celui du mouvement commercial en général et du produit de la marée en particulier.

En 1882, les importations ont été de 1,259,136.142 kilogr. et les exportations de 221,973.120 kilogr. Quant à la pêche et à ses divers produits, le port de Dunkerque a reçu 114 308 kilogr. provenant de morues salées d'Angleterre (1.574 kilogr.), de diverses salaisons

(16,400 kilogr.) et de sardines de Russie (5,990 kilogr.), du Danemark
(17,780 kilogr.) et des Pays-Bas (23,159 kilogr.) ; d'huile de morue
venue d'Angleterre (21,900 kilogr.) et de graisses de divers autres
poissons venus des Pays-Bas, de Belgique et d'Angleterre (27,265 kilogr.).
Tels sont les éléments que l'on pourra comparer aux similaires des
villes de Calais et de Boulogne quand nous en serons là.

On se rappelle la tempête qui a sévi presque généralement sur les
côtes de la Manche et de l'Atlantique du 1ᵉʳ au 3 septembre 1882 et
des innombrables dégâts qu'elle a causés. C'est dans la nuit que nous
avons passée à Dunkerque qu'elle s'est déchaînée avec une violence
inouïe et c'est le lendemain, 2 septembre, que nous devons nous em-
barquer, à 10 heures du matin, sur un des remorqueurs offerts par la
chambre de commerce, pour nous conduire, par mer, à Calais où nous
sommes attendus à midi.

Mais la bourrasque a fait reculer quelques-uns des nôtres, la petite
minorité, — j'en étais et je l'avoue sans honte, — et tandis que, sur
les affirmations réitérées du capitaine, que l'on débarquera à l'heure
dite à Calais malgré le mauvais temps, le gros de la caravane consent
à user du bateau, — notre charmant recteur, M. Nolen, et M. de la
Richerie, un vieux marin, à sa tête, — quatre seulement, MM. le commandant Peiffer, Rödel, un Dunkerquois et moi, prennent vulgairement
le chemin de fer.

Nous arrivons, nous, à peu près à l'heure fixée, étant donné le léger
retard causé par la rafale à notre train, et nous trouvons, à la gare de
Calais, quelques délégués de la chambre de commerce et de la Société
de géographie calaisienne (section de l'Union du Nord). Ceux-ci se
sont détachés du groupe principal qui, suivi de toute la population de
la ville, attend sur le port, musique en tête, l'arrivée du bateau et
pense, un moment, que la tempête aura peut-être décidé le congrès à
venir par le chemin de fer.

Je demande bien pardon à mes lecteurs d'entrer en tous ces détails,
mais je paie ainsi un tribut de gratitude à toute une population hospitalière qui s'était mise en frais extraordinaires, — on va en juger par
la suite, — pour nous recevoir.

Cependant on avait reçu avis télégraphique du départ du bateau et
de son passage en face de Gravelines; mais il avait gagné la haute mer
de crainte d'être jeté à la côte et l'on doutait qu'il pût, même sur le tard,
entrer dans la passe de Calais. Nous déjeunons en hâte et nous nous rendons au plus vite à la gare maritime. Mais le vent a amené avec lui une
pluie froide et battante, et nous rencontrons, chemin faisant, toute la
population calaisienne, les délégations, les musiques débandées, tout

le monde en un mot désappointé, morfondu, las d'attendre, — il était une heure et plus de l'après-midi, — allant manger son déjeuner refroidi ou brûlé.

Nous trouvons à la gare maritime quelques délégués officiels de la municipalité, de la chambre de commerce et de la Société de géographie, attendant au buffet l'arrivée probable du bateau pour 2 heures de l'après-midi s'il n'y a pas d'accident. A ce sujet, les avis sont partagés, et certains, qui ne manquent pas de confiance dans la bonne tenue du bateau à la mer, ne dissimulent pas leurs craintes, au moins au sujet de la difficulté de l'entrée dans la passe.

Il est deux heures et demie dejà, et je manifeste tout haut mes appréhensions, quand enfin on signale un bateau en vue, c'est le nôtre : il est trois heures quand il arrive dans le chenal.

Malgré l'état assez piteux dans lequel sont tous nos passagers, — ne se doutant pas au début de la force de la tempête, ils sont restés, puis ont été retenus sur la plate-forme du bateau, — mouillés jusqu'aux os, et quelques-uns transis de froid; ils ne tardent pas à se remettre, grâce à quelque peu de vin chaud ou d'un déjeuner sommaire.

Mais on n'a pu réparer tout de suite certains désordres de toilette et, pour éviter de se refroidir de nouveau, laissant là le train qui doit nous mener aux portes de la ville, on se rend à pied, vaille que vaille, à l'hôtel où l'on fera disparaître les dernières traces de la traversée. Seulement il n'y a plus de musique, plus de foule qui attende le congrès pour lui faire fête et l'acclamer, et c'est débandés, bras dessus bras dessous, à l'abri très insuffisant de nos parapluies, que nous ramenons nos collègues et que nous passons, presque sans les voir, sous es arcs de triomphe ([1]) trempés, flétris, sous lesquels nous devions défiler solennellement trois heures auparavant.

Cependant, une heure après, le temps se calme, ou tout au moins la pluie cesse. On se rend en hâte à l'Hôtel de Ville pour prendre le vin d'honneur offert par la municipalité. Puis, des cars de tramways, réquisitionnés pour la circonstance, nous font traverser la ville et nous conduisent à Saint-Pierre-lès-Calais visiter quelques usines que l'on a fait fonctionner exprès pour nous, — car il ne faut pas oublier que nous sommes au dimanche après midi, — remettant forcément au lendemain la visite des travaux du port.

On sait quelle est l'industrie spéciale à Saint-Pierre; si le cadre de ce travail ne me permet pas de la décrire, je dirai seulement qu'ayant

---

([1]) Un arc de triomphe central, sur la place de l'Hôtel de Ville, portait sur une immense banderole placée sur le couronnement : *Honneur au congrès !*

pu apprécier l'ingénieux mécanisme des métiers à tisser les tulles, j'ai été émerveillé de la perfection de quelques-unes de ces jolies dentelles destinées à l'exportation, qui rivalisent de richesse et de variété de coloris avec le magnifique éventail du paon. Saint Pierre. qui ne comptait, en 1800, que 2,600 habitants, est aujourd'hui une ville de plus de 100,000 âmes ; d'annexe qu'il était de Calais, il l'efface actuellement et tend tous les jours à l absorber. Mais Calais tient bon, les fortifications agrandies, comprenant les deux cités, englobent Saint-Pierre et, à courte échéance, le tout ne formera plus que la seule ville de Calais-Saint-Pierre.

Nous revenons à Calais avec la pluie et nous traversons les remparts où nous jetons un regard navré sur les milliers de lampions et les feux d'artifices destinés à la fête que l'on devait nous offrir sur la promenade du Front-Sud, ancien terrain militaire, — le soir, après le diner, — et qu'un temps désastreux a complètement fait manquer.

C'est fâcheux, très fâcheux, car l'accueil que nous recevons à Calais, d'un caractère peut être moins éclatant que celui de Dunkerque, est empreint d'une bonhomie et d'une cordialité familière qui nous paraît être la caractéristique générale de l'esprit de cette cité.

Revenus en ville, nous nous préparons pour le banquet organisé tout simplement sous une vaste tente décorée de verdure, dans la cour de l'hôtel.

Le mauvais temps nous ayant forcé à remettre au lendemain notre visite du port, on a dû télégraphier à Boulogne que nous n'arriverions que dans la journée.

Tous les travaux d'agrandissement et de réfection du port de Calais se sont portés exclusivement sur la partie Est : là, un vaste bassin des chasses, un avant-port et un bassin à flot forment l'ensemble de ces travaux. D'après la notice qui m'a été communiquée par la chambre de commerce, les ouvrages présenteraient des profondeurs plus grandes dans leur ensemble que la plupart des ports de la Manche et de la mer du Nord.

Calais est, avant tout, et presque exclusivement un port de voyageurs et de pêche. Il y passe plus de 220,000 voyageurs, c'est-à-dire autant qu'à Boulogne (144,000 environ) et Dieppe (80,000 environ) ensemble, tandis que le Havre n'en transporte que 20,000, dont 2,500 émigrants.

Son mouvement de marée est dix fois celui de Dunkerque et s'élève au chiffre de 1,445,400 kilogr. [1].

Après notre visite au port dans laquelle nous avons été guidés par

---

[1] Le compte rendu de la chambre de commerce ne donne pas le détail de la nature et des provenances de la marée.

l'aimable maire de Calais, nous prenons le train de Boulogne où nous arrivons pour l'heure du déjeuner.

S'il n'y a pas de musique qui nous attende à la gare, en revanche c'est un véritable assaut de courtoisie entre les délégués de la municipalité et ceux de la chambre de commerce. M. Huguet, le sénateur-maire de Boulogne, nous attend dans le salon des premières, tandis que M. le président de la chambre de commerce vient jusqu'aux portières du wagon et s'empare de notre chef de caravane, M. Nolen. Mais il n'est que temps que notre cher recteur tienne bien debout, car, au sortir de la gare, c'est M. l'adjoint qui, prenant la revanche de la municipalité, s'empare de son bras et prend avec lui la tête de la colonne.

Nous procédons à l'hôtel à une toilette sommaire, nous déjeunons sur le pouce et nous prenons les voitures qui nous sont réservées pour aller visiter le port. Nous sommes au 3 septembre, le temps s'est quelque peu remis au beau et, parvenus à l'entrée des immenses chantiers d'agrandissement du port, M. l'ingénieur en chef nous fait monter dans un train de wagonnets sur lesquels on a installé des banquettes et le *coucou* nous mène à la naissance de la digue du Sud-Ouest dont la construction est la plus avancée.

Les travaux entrepris à Boulogne diffèrent essentiellement de ceux en cours d'exécution à Dunkerque et à Calais. Tandis que dans ces deux derniers ports, ils consistent en des creusements dans les terres, ou pour mieux dire dans les sables, à Boulogne on prend sur la mer et l'on crée un système d'endiguement qui a une très grande analogie avec le port de la Joliette à Marseille.

Ainsi, représentez-vous la digue Nord du chenal actuel prolongée de 1,400 mètres perpendiculairement au rivage; une autre digue sensiblement parallèle à celle-là, partant de 1.400 mètres environ de la première et s'y reliant par un front de 1,350 mètres de long. Celui-ci est ouvert par le milieu, où il offre une passe de 250 mètres, et à l'extrémité nord où il laisse, entre la digue nord et le môle isolé ainsi formé depuis la passe du milieu, une seconde passe de 150 mètres de large.

A l'intérieur de cet immense espace trapézoïdal (¹) et partant en oblique depuis le rivage, on construit une *traverse* (sorte de quai double) de 200 mètres de large et de 1,000 mètres de long environ.

C'est en voyant cette traverse en construction et la digue sud-ouest, que nous avons pu nous rendre compte des effets de la récente tempête. La digue de front n'étant pas encore construite, la mer est venue battre furieusement, sous leur clef, les arches de la traverse, les a disloquées et bouleversées de fond en comble. Un petit chemin de

---

(¹) Environ 200 hectares.

fer provisoire établi, à l'abri de la digue sud-ouest, sur les enrochements
de la base, pour amener les matériaux de construction à l'extrémité,
a été bousculé, tortillé comme si les rails eussent été de simples fils
de fer.

Une autre différence aussi dans la construction du port de Boulogne (¹)
avec celle des précédents, provient de ce qu'on n'est plus sur le sable
et qu'au lieu de convertir celui-ci en massifs de ciment, on se sert
des pierres extraites de la butte rocheuse de la commune du Portel,
aboutissant juste à la digue et n'offrant pas moins de 40 hectares à
l'exploitation. On a donc ici la pierre à pied d'œuvre et en quantité
plus que suffisante pour satisfaire à l'entreprise.

Le développement donné au port de Boulogne est-il justifié par l'importance de son mouvement commercial ? Supérieur à celui de Calais,
il est inférieur à celui de Dunkerque, et son chiffre d'importation est
d'environ 800,000,000 de kilogrammes ; mais ses expéditions en marée
sont de 10,000,000 de kilogrammes, et, en salaisons, — car on sait que
c'est là sa grande spécialité, — plus de 15,000,000 de kilogrammes :
on peut juger ainsi de ce qui le différencie de ses voisins et rivaux.

Revenus du port par la même voie qu'à l'aller, nous sommes appelés
à visiter quelques-unes des curiosités de la ville, le lendemain étant
réservé aux principales industries.

Je laisse à mes lecteurs le soin de trouver dans le *Guide-Joanne*, qui
leur décrira, mieux que je ne saurais le faire, le détail et l'historique
des monuments et du musée. Pour la circonstance, toutefois, et tout
exprès pour nous, la Société de géographie de Boulogne (section de
l'Union du Nord) avait organisé une exposition géographique comprenant particulièrement une importante collection de documents anciens,
bon nombre de mannequins résumant l'histoire du costume, et une
exposition scolaire dont ce que j'ai vu ne se différencie pas sensiblement de ce qui a figuré à Douai.

Le banquet, — car il y a encore eu un banquet pour le dîner, —
offert simultanément par la ville et par la chambre de commerce, a
lieu au buffet de la gare maritime, et il s'est signalé par deux parti-
cularités que je ne saurais passer sous silence.

La première consiste dans la présence de notre grand historien Henri
Martin ; je me suis estimé d'autant plus heureux, depuis lors, du hasard
qui m'avait placé à côté de lui, que c'était la dernière fois qu'il m'était
donné de le voir. En effet, quelques mois après, la mort l'enlevait à
la France. Membre honoraire de notre Société, il aimait notre pays lor-

---

(¹) Qui produit plus de 30,000,000 de kilogrammes par année. La maison Douez
frères, à Samer, en produit autant, et la maison Huret-Levillain, à Neufchâtel, près
Boulogne, en produit 12,000,000 de kilogrammes.

rain et il se rappela son voyage à Nancy lorsqu'il y vint avec M. de Lesseps, à l'inauguration de la statue de Thiers. Nous parlâmes de notre président pour lequel il avait une sympathie toute particulière, je me plais à le reconnaitre ici, et du beau pays d'Alsace-Lorraine dont la perte lui avait déchiré le cœur Grand et austère patriote, permets-moi de te donner ici un respectueux hommage d'admiration, un dernier et profond souvenir!....

L'autre particularité est un véritable trait de mœurs. Il n'est guère de solennité, du genre de celle dont on nous faisait les honneurs, qu'au dessert on ne présente deux jeunes filles de pêcheurs, des plus jolies et des plus sages, en costume du pays, chargées, chacune, d'un magnifique bouquet. Les deux jeunes filles boulonnaises qu'on nous présente sont deux types ravissants du pays : l'une vient offrir son bouquet à M. Nolen et se place entre M. Henri Martin et lui, l'autre offre le sien à M. le sénateur-maire de Boulogne et se place entre ce dernier et M. le sous-préfet de Boulogne.

C'est au président de la chambre de commerce que nous devons cette charmante surprise.

Le lendemain, nous devons précipiter nos visites, car nous nous ressentirons partout du retard que nous a causé la tempête à Calais, et, au lieu d'arriver à Saint-Omer, où nous étions attendus, pour midi, nous n'y serons qu'à trois heures.

Grâce à l'activité de M. Crouy, président de la chambre de commerce et à l'itinéraire qu'il a préparé à l'avance, nous visitons la grande usine à ciment de M. Famchon (1), la fabrique de plumes de MM. Baignol et Farjon (2), la tonnellerie mécanique de M. J. Petit, où le perfectionnement de l'outillage est poussé à ses derniers progrès (3), et enfin les ateliers de salaisons Vidor, où nous avons assisté à toutes les opérations par lesquelles passe le hareng, depuis le nettoyage jusqu'à l'enfumage et l'entonnage. Il y a là des cheminées faites tout exprès pour fumer dans lesquelles les harengs, enfilés dans de petites baguettes, sont étagés en grandes quantités. On s'arrange pour que le bois se consume sans flamme.

Entre temps, M. Crouy nous fait visiter son importante scierie, après quoi nous allons déjeuner à la hâte pour prendre le train à midi 50 minutes.

____

(1) Le nouveau port est dit en eau profonde, c'est-à-dire accessible, même à la marée basse.

(2) Celle de MM. Blanzy-Poure étant trop éloignée et ces Messieurs se tenant à l'écart de la Société de géographie.

(3) Toutes les opérations s'y font mécaniquement, même l'assemblage et le cerclage des tonneaux.

Je me fais un scrupule d'indiquer ici les heures exactes, car nos hôtes de Saint-Omer ont accompli un tour de force de précision qui fait encore aujourd'hui mon admiration : ce sont des organisateurs hors ligne et je félicite leur chef de file, l'honorable maire de Saint-Omer, qui réunit à ses fonctions celles de vice-président de la Société de géographie (section de l'Union du Nord).

Nous avons juste passé 4 h. 46 m. à Saint-Omer et s'il y en a eu quelques-unes de plus, cela tient au retard du train au départ.

Par mesure de précaution, on nous remet à tous un petit itinéraire chromographié (¹) indiquant l'emploi détaillé du temps

Deux omnibus de circonstance nous prennent à l'arrivée du train et nous visitons tout d'abord les ruines de l'abbaye de Saint-Bertin, — dont il reste quelques pans de murs et une tour assez bien conservée, derniers restes d'un des beaux spécimens de l'architecture gothique ; — puis la magnifique cathédrale, où l'on nous fait voir quelques intéressants objets conservés à la sacristie, et, à côté de tableaux remarquables, une statue ancienne, connue sous le nom de *Bon Dieu de Saint-Omer,* dont quelques-uns pensent que c'est un Jupiter ; — enfin l'Hôtel de Ville. Mais un des conducteurs d'omnibus, perdant le mot d'ordre, emmène une partie de notre caravane, dont je suis, sans s'arrêter et je manque la visite à ce dernier monument.

Cependant nos véhicules se rejoignent et nous conduisent à l'extrémité du faubourg de Lysel, sur la route de Clairmarais : c'est là que commencent les *wateringues,* où nous allons accomplir la plus charmante, la plus originale excursion que j'aie jamais faite.

Les gens de Dunkerque, Calais et Boulogne n'avaient pas assez de plaisanteries et de dédain au sujet des *wateringues* et de la promenade nautique que nous y devions faire. Eh bien, tant pis pour eux, et si nous avons été émerveillés et instruits par nos excursions à travers leurs grands travaux, nous avons été non moins instruits et émerveillés et, qui plus est, charmés par notre excursion dans les *marais de Saint-Omer.*

Car ce sont bien des marais que nous allons visiter ; mais des marais transformés, en un réseau inouï de canaux, par la main de l'homme et même par une race particulière d'hommes restée intacte et qui

---

(¹) Arrivée en gare à 3 h.; — Saint-Bertin, 3 h. 20 ; — Cathédrale, 3 h. 50 ; — Hôtel de Ville, 4 h.; — arrivée à Clairmarais à 4 h. 30 ; — promenade en barque jusqu'à 6 h. 15 ; — banquet à 6 h. 15 ; — retour en barque, 6 h. 45 ; — à pied 5 minutes, 6 h. 50 ; — retour à la gare, 7 h. 15 ; — départ du train, 7 h. 33. — Cet itinéraire était accompagné d'une petite invitation à l'adresse de MM les excursionnistes les priant, chacun en ce qui le concernait, de concourir à l'exécution ponctuelle du programme. Signé : Arnauld, président de la Société.

conserve encore aujourd'hui une certaine indépendance, des franchises peut-être contestées, mais non détruites.

Je dois à l'obligeance de M. de Lauwereyns de Rosendaele, professeur d'histoire au lycée de Saint-Omer, une petite notice historique sur les *wateringues* et leurs propriétaires (¹) et ce sera certainement l'un des documents les plus intéressants que j'aie pu rapporter de mes diverses délégations au congrès.

A notre embarquement, la famille de notre pilote offre des bouquets à M. Nolen, à M. Duméril, maire de Saint-Omer, et à M. Arnauld, président de la Société de géographie ; on boit le coup de l'étrier et l'on s'embarque dans une dizaine de nacelles en compagnie de M. le sous-préfet de Saint-Omer et de M. l'adjoint Ringot.

Et nous voilà partis pour la *Grande Meer*, l'un des 4,000 canaux, très élargi, où vingt barques passeraient de front, tandis que les autres, d'importance diverse, sont la moitié, le quart, le dixième de celui-là. Cet inextricable réseau englobe douze à treize mille parcelles de culture dans un terrain formé principalement de tourbe et de ses dérivés connus dans le pays sous le nom de *hèles*, de *patiniers*, de *palées* (²), etc. Tout ce territoire, on le sait, est une ancienne mer des âges géologiques récents et l'on y trouve encore les débris d'un navire qui y a fait naufrage. On a retiré l'an dernier du *Grand Lac* — autre élargissement du canal, — dit *Romelaert*, des chênes noirs comme l'ébène, durs comme du fer, qui avaient dû rester ensevelis à plus de dix mètres de profondeur pendant vingt à trente siècles.

Cultivés par une population laborieuse, ces terrains donnent quatre récoltes par an, dont la presque totalité alimente la capitale de légumes de toutes sortes. Il n'y a pas de place perdue dans ces terrains en dehors de celle des canaux. Tout au plus y a-t-il un ou deux sillons transversaux, juste de quoi passer les pieds de l'homme ou la roue d'une brouette, ce qu'il en faut pour permettre de charger la barque qu'on amène du côté que l'on veut. Le maraicher met ainsi dans sa nacelle trois ou quatre fois le poids de la charrette à bras de nos jardiniers et il emmène le tout près du quai de la gare affecté à cet effet.

Nous explorons les environs de la *Grande Meer* : l'étang Cordier, où se trouve un joli pavillon, la grand rivière illustrée par la noyade récente de trois jeunes gens, — ce souvenir nous fait frissonner ; — *le Trou d'Enfer*, où l'on voit toujours les débris d'un calvaire érigé sur la tombe de trois moines qui s'étaient enfuis du couvent de Clairmarais dont les

---

(¹) Voir aux Pièces justificatives.
(²) J'ai parlé, dans mon compte rendu de l'exposition de Douai, de la carte des *Wateringues* par M. Ragache. Ce dernier nous accompagnait dans l'excursion.

ruines sont dans les environs : le temps nous manque pour aller visiter ces derniers vestiges.

Enfin, après l'avoir contournée de tous côtés, nous abordons à l'île Sainte-Marie, située dans la *Grande Meer*, l'un des exemples des anciennes *îles flottantes* qui ont fini par se fixer. C'est là, en plein air qu'un banquet rustique nous attend. La table est servie sous une tonnelle de circonstance dont l'entrée est couronnée de cette inscription enthousiaste : *Au congrès et à l'Union géographique du nord de la France!* C'est le patron d'une petite guinguette qui est notre hôte. Ce patron est père, je crois, de quatorze ou quinze enfants vivants et le service, tout campagnard, est fait par la famille. Quel contraste avec les banquets officiels et grandioses de Dunkerque et de Boulogne! Eh bien, écoutez : nous avons été bien reçus partout et il n'est pas possible d'imaginer une différence dans la bienveillance, dans la sympathie, dans la générosité de l'accueil ; mais vraiment, et je suis convaincu que tous mes compagnons sont de mon avis, la trop courte soirée passée au milieu des *wateringues* a été, de toutes, la plus charmante, celle qui a conservé la plus originale saveur.

Nous revenons comme le programme l'a indiqué, non sans passer sous le companille de *Mathurin*, sorte de *vieux Jacquemart* sonnant les heures et dont la légende, d'une cocasserie qui ne cadre pas avec le ton de ce travail, serait très à sa place dans une causerie. Nous revenons au chemin de fer où, grâce à l'obligeance de M. le chef de gare, tous nos colis sont préparés, enregistrés à l'avance : tout a fonctionné jusqu'à la dernière minute avec un ensemble, une ponctualité d'autant plus remarquable, que cette exactitude, souvent cause de contrainte, n'a rien eu, je ne sais pourquoi, de rigide et de pesant.

Nous rentrons dans la nuit à Douai, comme étourdis de ces quatre dévorantes journées, véritable marche triomphale qui prouve à la fois la grande et large hospitalité des villes que nous avons traversées, — exemple donné à plus d'une autre cité, — et l'enthousiasme avec lequel on suit, par là-bas, le progrès et le mouvement géographiques.

Il paraît qu'il en a été de même du côté de l'excursion en Belgique et nos collègues en sont revenus charmés. Cela ne m'étonne nullement et j'ai conservé bon souvenir de notre visite à Bruxelles et à Anvers, en 1879.

Le lendemain matin, tout le monde est parti et seul je reste encore pour consacrer une journée à un examen plus calme, plus complet, plus réfléchi de l'exposition, y puisant des éléments de comparaison pour l'exposition de Bar-le-Duc que je devais étudier comme membre, puis comme président du jury.

J'ai fait le parallèle entre ces deux expositions. Les travaux du jury de Bar-le-Duc nous ont tenus, mon cher collègue M. A. Barbier et moi, toute une semaine d'un travail qui est venu s'ajouter aux fatigues passées.

Comme dédommagement, M. Narcisse Deschamps, alors président de la Section meusienne, m'emmena passer la journée du lendemain de la distribution des récompenses dans ses propriétés du Vieux-Jand'heurs et de Renesson.

Là je visitai, en compagnie de nos amis de Bar-le-Duc, MM. Konarsky et Bonnabelle, la grande industrie des bleus d'outre-mer dont MM. Deschamps frères ont la spécialité. Cette fabrication est l'objet d'un brevet qui a fait la fortune de cette honorable famille. M. N. Deschamps a bien voulu me donner sur cette industrie quelques détails que l'on trouvera annexés à ce rapport (¹) dans l'intention de servir à ceux qui, dans l'enseignement, s'occupent de chimie industrielle.

Là se termine ma *campagne* de 1882.

J'en arrive à celle de 1883, beaucoup plus sommaire et d'un intérêt très différent.

J'ai dit pour quelles raisons je n'ai pu prendre part à l'excursion au bassin de Saint-Ferréol, point de partage des eaux et d'alimentation du canal du Midi. Plus heureux et moins tenu que moi, mon cher collègue, M. Loiseau, a pu y prendre part et je lui emprunte (²) la partie la plus instructive de cette excursion.

« .... Forcé de faire traverser la Montagne-Noire à son canal et cherchant à établir le niveau d'eau nécessaire, Riquet eut l'idée générale de recueillir toutes les eaux de la chaîne au moyen de trois bassins créés sur les trois plateaux de Saint-Ferréol, de Lampy et d'Alzau. Celui de Saint-Ferréol, d'une superficie de 67 hectares, est le plus grand, non le plus étonnant à l'œil pourtant. Une digue d'une épaisseur énorme barre la vallée du Landot et a permis à Riquet de créer le bassin qui lui était utile. Au moyen d'une galerie souterraine, nous avons traversé de part en part le barrage et pénétré jusqu'à la prise d'eau que des robinets perfectionnés permettent de régler suivant les besoins. Sentir au-dessus de soi une hauteur de 32 mètres d'eau et un mur d'autant, regarder à la lueur indécise d'une torche fumeuse le minuscule intervalle par lequel s'échappe avec une fougue prodigieuse le ruisseau d'alimentation, est une sensation qu'on ne saurait oublier, non plus que la brusque transition qui, cent mètres plus loin, vous permet de contempler le ravissant parc de la Compagnie du Midi....

(¹) Voir aux Pièces justificatives.
(²) *Rapport sommaire sur le congrès national de géographie de Toulouse*, par Georges Loiseau, secrétaire de la Société de géographie de l'Ain.

« De Saint-Ferréol à Lampy, la montée est continue, le paysage devient plus sévère et prend un caractère plus sauvage, plein de grandeur, parfois. Trois kilomètres avant Lampy, nous atteignons la *Rigole de la Montagne,* sorte de trait d'union entre les deux bassins que nous allons longer constamment par la plus belle allée qu'il soit possible d'imaginer, sous une épaisse voûte de verdure traversée à grand'peine, çà et là, par quelques rayons de soleil. Après les toasts naturellement nombreux qui suivirent le déjeuner, nous nous rendîmes au bassin de Lampy-Vieux d'abord, de Lampy-Neuf ensuite. Quoique moins grand, je le répète que celui de Saint-Ferréol (il n'a que 23 hectares (¹) de superficie, 775 mètres de long, 584 de large, sur 15 mètres de profondeur), le bassin de Lampy produit plus d'effet encore, entouré qu'il est de bois magnifiques qui donnent à son eau une couleur sombre et fait songer à notre beau lac de Sylans.... »

Telle fut l'excursion incidente du congrès de Toulouse.

Mais la grande et triple excursion finale fut faite immédiatement après les travaux du congrès. En effet, dès le matin du dimanche, 10 août, à peine avons-nous le temps de visiter le musée d'histoire naturelle, conduits, comme je l'ai dit, par M. de Cartailhac, puis d'assister à la proclamation des récompenses et de déjeuner au galop, qu'il nous faut plier bagages et prendre le train pour Saint-Girons. L'objet de cette excursion est, pour les techniciens, d'étudier les conditions d'établissement des lignes ferrées transpyrénéennes, et, pour les profanes, de voir les Pyrénées sous quelques-uns de leurs aspects les plus intéressants.

Mon collègue, M. Loiseau, a fort bien exposé les conditions respectives des deux projets en présence à ce moment-là et qui provoquaient une certaine rivalité entre Saint-Girons et Luchon, celle-là servant de passage à la ligne de Lérida et Zaragoza par la Noguera Pallarezza, celle-ci à la ligne de Mouzon et Zaragoza par le port de Vénasque. Plus long que l'autre, le projet par Saint-Girons et le port de Salau (1.638 kilom. de Paris à Madrid) a cet avantage sur celui de Luchon (1,374 kilom. de Paris à Madrid) (²) que le tunnel par lequel il traverse le massif des Pyrénées n'est que de 4,500 mètres, tandis que le second nécessite un tunnel de près de 15 kilomètres. « A cela, on répond, écrit M. Loiseau, que le massif montagneux est, au port de Salau, entièrement granitique, au lieu qu'à Luchon, dans la vallée de la Glère, la composition

---

(¹) Il y a probablement là une erreur de transcription typographique, car le calcul donnerait 45 hectares.

(²) Cela suppose une différence de 164 kilomètres. J'ai lieu de douter des renseignements que l'on a donnés à mon collègue et, pour ma part, je ne crois qu'il y ait plus de 60 à 70 kilomètres.

géologique du terrain rend la perforation plus facile et plus rapide; en outre, le peu d'épaisseur de la croûte supérieure du souterrain permettrait l'attaque sur de nombreux points simultanément au moyen de puits creusés à cet effet. Ajoutons encore que l'établissement de la voie ferrée, dans la gorge abrupte et sauvage du Salat, exigerait un temps et un capital bien autrement considérables qu'à Luchon. On peut, en effet, la topographie des lieux l'indique pleinement, construire, à peu de frais relativement, une ligne ferrée qui, par la vallée de Luchon et de la Pique, atteindrait, au travers de tunnels en spirale, le point d'accès désigné du souterrain, à la cote 1,060, sans avoir à gravir des rampes excédant celles en usage habituellement. Pour moi, si, malgré mon incompétence, j'étais appelé à donner mon avis dans cette grave question, je n'hésiterais pas un seul instant à donner la préférence à Luchon qui, mieux que Saint-Girons, et grâce à sa magnifique position, me paraît devoir être une gare internationale considérable. »

C'est bien vrai cela, mon cher collègue, et j'avoue que toutes ces raisons m'ont laissé perplexe. Je crois d'ailleurs que, dans la solution qui est intervenue depuis lors et qui est tout à fait en faveur de la sévère vallée de Saint-Girons, de préférence au riant paysage qui environne Luchon, si on a eu le tort de ne pas nous demander notre avis, on a fait, par contre, entrer en ligne de compte des considérations dont vous ne parlez pas; considérations d'ordre militaire et de défense nationale que, pas plus que vous, je ne me reconnais la compétence d'apprécier, mais dont la discussion, si courtoise d'ailleurs, entre le colonel espagnol Coello et le commandant Blanchot, nous avait donné un aperçu au congrès de Bordeaux en 1882.

A peine arrivés à Saint-Girons où nous avons été reçus, à la gare, par M. le maire et une partie du conseil municipal, qu'un orage épouvantable éclate et empêche MM. Schrader et Loiseau, qui comptaient prendre les devants pour coucher à Couflens et partir de bon matin pour le col de Salau, de s'en aller le soir même. Mais, dès deux heures du matin, nos deux intrépides avant-coureurs prennent leur voiture et arrivent de bonne heure à Salau, non sans avoir été dans la nécessité de se frayer, avec l'aide du cantonnier, un passage à travers la route que des torrents accidentels ont coupée en deux endroits.

Après le dîner, le soir de notre arrivée, M. le maire nous fait les honneurs du cercle; mais l'on va se coucher relativement tôt, car nous devons monter en voiture à 5 heures du matin.

C'est notre chef de file, notre ami le commandant Blanchot, qui s'est entendu avec le maire pour l'organisation de la caravane. Des chevaux et des mulets sont assurés à Couflens pour aider à l'excursion. Il est entendu que nous pourrons être au bout du col de Salau pour 10 heures du matin et de retour pour le dîner afin d'entendre, le soir, une conférence d'un de nos collègues toulousains du congrès, M. Millas. Dès le lendemain à 5 heures du matin, on doit prendre le train pour Luchon.

Le commandant Blanchot est chef de la colonne, ai-je dit, et il a un second, pour les détails de la chose: c'est M. Gineste, déjà cité au congrès, lequel me devient un gai compagnon de voyage. Parmi nous se trouve un couple, M. R..., architecte à Toulouse, et sa dame, celle-ci aimable et vaillante excursionniste qui a passé par toutes nos fatigues et nos tribulations avec une intrépidité qui ne s'est pas démentie un instant.

Mais quelle mauvaise fée est venue, le lendemain, se jeter à travers toutes nos belles combinaisons! Notre stratégiste, M. Blanchot a sans doute tout bien préparé, mais il a compté sur de braves gens qui ont préféré s'adresser à un conducteur de voiture mal monté dont les chevaux sont des haridelles et l'attelage fait de bouts de corde, parce qu'il est d'une certaine opinion politique, de préférence à un autre, qui est parfaitement outillé, mais qui a le malheur d'être du parti contraire. Je vous demande un peu où la politique ne va pas se nicher! Ah! mon cher Blanchot, je vous en prie, une autre fois ne vous fiez qu'à vous-même.

Ainsi nous sommes bien tous là sur pied, à 5 heures du matin, et à 6 h. 1/2 nous y sommes encore attendant les voitures et les voituriers qu'il a fallu aller réveiller. Enfin on part; mais, arrivés à l'endroit où le matin même notre avant-garde a dû se frayer un passage, nos conducteurs ne veulent pas aller plus loin. Nous sommes de l'autre côté de Couflens où l'on a reconnu déjà que l'on n'aura pas tous les chevaux et les mulets promis. Que faire? Le grand break contient la victuaille et l'on se demande si mieux vaut retourner à Couflens chercher des moyens de transbordement ou si l'on poussera jusqu'à Salau chercher des mulets pour venir prendre nos provisions.

On va à Salau. Un peu avant d'y arriver, un cheval et un mulet de Couflens nous rattrapent et, dans l'état de fatigue où je suis, je m'empare du cheval pour ne plus le quitter. On prépare des mulets pour chercher le chargement, mais nos gredins de conducteurs, qui ont vu que nous ne cédions pas, se sont ravisés et ont passé tout de même l'endroit difficile. Ils nous rejoignent enfin à Salau. Mais que de temps perdu! Déjà il est l'heure du déjeuner, 11 heures du matin, et l'on ne peut songer à faire l'excursion sans prendre un acompte. De la sorte nous ne commençons l'ascension qu'à midi, par un soleil ardent, avec deux mulets et deux chevaux trouvés à Salau, ceux-ci pour les voyageurs, ceux-là pour les vivres. Nous sommes vingt-cinq à peu près et l'on voit que nous sommes loin de compte pour les moyens de transport.

Nous avons pour compagnons deux officiers et un médecin de la garnison de Toulouse. L'un des officiers, qui a fait l'ascension du Canigou, envisage notre entreprise comme une bagatelle et, dédaignant les grands chemins, il demande les sentiers qui, par la traverse, devront lui donner une grande avance sur nous. Il part ainsi avec son collègue et un troisième voyageur ; mais, hélas! la raideur de la pente et l'ardeur du soleil ajoutant aux erreurs topographiques, les malheureux arrivent deux heures après nous, et notre humoristique officier n'a pas alors assez de malédictions pour les Pyrénées qu'il traitait si cavalièrement au début.

L'un de nos plus aimables compagnons, M. le baron de Schwerin, professeur à l'Université de Lund (Suède), se livre, lui aussi, mais sans s'écarter de notre grand itinéraire, à une marche gigantesque d'avant-garde qui ne cesse guère avant la fin de la montée ; cependant en ce moment il veut bien s'aider d'un cheval.

Il fallait nécessairement la fatalité des circonstances pour que nous entreprissions une ascension semblable, à pareille heure : nos guides se moquaient un peu de nous à ce sujet.

Enfin, à trois heures de l'après-midi nous sommes au col de Salau, — où nous retrouvons nos amis, attendant patiemment leur déjeuner que nous avions dans nos bagages, — à 2,012 mètres d'altitude, dominant, d'un côté, la vallée du Salat, et, de l'autre, la vallée de la Noguera Pallarezza. Une pierre plate, à fleur de terre, portant de chaque côté d'un trait transversal les lettres E. et F, indique la frontière franco-espagnole.

De Toulouse jusqu'à Boussenx, où l'on prend la ligne de Saint-Girons, c'est la vallée de la Garonne que l'on suit en rampe douce, insensible, de l'altitude de 135 mètres à celle de 266 mètres. Nous avons traversé là des régions vignobles ravagées par le phylloxera. Dès Boussenx le paysage se rapproche, se dessine davantage et Saint-Girons, situé à l'altitude de 412 mètres, est déjà encaissé entre des collines agrestes ; le village de Saint-Lizier qui le précède offre, avec son église flanquée sur une butte isolée, un exemple curieux de pittoresque. Mais, à partir de Saint-Girons, c'est fini, vous êtes en pleine montagne; la vallée du Salat se rétrécit vite et, depuis Seix, elle s'étrangle encore au fur et à mesure que la pente s'accentue. Aussi le Salat, en amont de Saint-Girons, est-il torrentueux et n'offre-t-il qu'une succession ininterrompue de rapides ou de cascatelles.

Mais ce qu'il y a de plus remarquable et de plus navrant, ce sont les flancs dénudés des montagnes qui forment le fond et l'encadrement de ce tableau. Durant tout le trajet, le commandant Blanchot nous fait remarquer combien il est urgent de chercher, par tous les moyens, à empêcher le déboisement toujours croissant des Pyrénées. Quand on voit, de hauteurs de plus de 2,000 mètres, descendre presque verticalement, sans arrêt et sans obstacle possible, une masse de filets d'eaux torrentueux, avec des vitesses incroyables, le long des flancs nus de la montagne, on s'explique à la fois les affouillements rapides et désastreux de ce ravinement incessant, les effets foudroyants et irrésistibles des avalanches d'eaux qui, tout d'un coup, font du lit de la Garonne ou de celui de l'Ariège, un courant immense et terrible qui ravage tout sur son passage.

Lorsque, dans le cours du congrès, le commandant Blanchot a demandé un vœu de protection contre la décimation des forêts, un garde général a déjà donné quelques assurances sur ce que l'administration a fait et entend faire dans l'avenir. Mais il y a encore beaucoup à faire et peut-être ne se décidera-t-on à une mesure radicale que quand quelque sinistre se sera produit, comme la chute imminente d'un hameau que nous avons vu, juché sur une maigre saillie de la montagne, à deux ou trois cents mètres du fond du ravin, miné de tous les côtés et qui ne se tient là que par un prodige d'équilibre dû sans doute à quelques ramifications de racines d'arbres détruits. Et il paraît qu'il y a des vallées dont les montagnes sont plus décharnées encore !....

Ce n'est pas que le coup d'œil y perde à certains égards ; il y a quelque chose de grandiose et d'étrange dans l'aspect de ces contrées ravagées par le fait de l'ignorance de leur population. Celle-ci ne détruit les forêts que pour faire du pâturage, sans penser que, sur des pentes aussi abruptes, la moindre pluie entraîne la légère couche de terre végétale ou d'humus que les arbres y ont formée et entretenue.

Ceux qui n'ont pas fait d'ascension en montagne ne peuvent se rendre compte des bizarres sinuosités des sentiers par lesquels on les gravit, et les sentiers des Pyrénées sont particulièrement intéressants à ce point de vue.

Du haut du col de Salau on voit l'immense massif des Pyrénées espagnoles se perdant au loin dans un horizon indéfini de crêtes qui s'entrecoupent et, un peu à droite, on distingue le plateau ou port de Pallas, dépression de la chaîne qui enferme le val d'Aran.

A peine avons-nous terminé notre repas champêtre que le temps menace et se couvre d'une manière inquiétante : il nous faut déguerpir au plus vite. En effet, un premier orage vient de passer près de nous et a glissé vers l'Est ; aussitôt après, un second nous atteint sans nous laisser le temps de remballer. Cependant il va plus vite que nous et, au moment où, suivant un mouvement de panique bien naturel, nous

nous précipitons en courant à travers les sentiers, il nous dépasse et descend rapidement la vallée du Salat : la grêle nous précède en faisant dans les échos un bruit sourd et prolongé. Mais alors il nous est donné de contempler l'un des plus beaux spectacles que l'on puisse voir. Derrière nous, le soleil est dégagé et vient darder ses rayons dans la nappe tombante de grêle et de pluie mêlées qui les reflète en un magnifique arc-en-ciel ; le cercle intérieur semble un rideau transparent, à mille replis argentés et scintillant comme une pluie d'étoiles ; de chaque côté, la courbe aux sept couleurs vient s'appuyer symétriquement sur chacun des flancs des montagnes comme un pont grandiose jeté à mille mètres du thalweg : au-dessus, c'est la masse estompée des nuages qui se détache sur un fond gris et opaque.

L'averse, en s'éloignant, emporte avec elle ce mirage éblouissant, mais pour faire place à un spectacle non moins enchanteur. Sous la couche perlée dont la pluie a revêtu les montagnes, celles-ci ont pris, au soleil, une teinte brillante ; les roches dénudées apparaissent sous leur véritable couleur géologique à peine marbrée de quelques taches vertes de mousses ou de bruyères qui en font mieux ressortir l'éclat. Grâce à la transparence extrême de l'atmosphère, à ce moment, les crêtes secondaires, aux arêtes vives et tranchantes, se détachent sur le fond coloré de la grande chaine comme celle-ci se découpe sur le fond de l'azur : on dirait l'ensemble magnifique et indescriptible, scène et décors, d'un théâtre de Titans !.....

Nous sommes bientôt rappelés à des considérations plus prosaïques et si quelque chose nous ramène encore, de temps à autre, à notre enchantement de tout à l'heure, ce sont les rameaux innombrables de petits ruisseaux dont les filets argentés tranchent sur la teinte foncée de la montagne, et qui, grossis maintenant par l'averse de tout à l'heure, se jettent avec impétuosité dans les ramifications du Salat. Celui-ci a grossi à son tour et ses rapides engorgés, ses cascatelles débordantes, produisent dans leurs chutes, des éclats sonores et multiples répercutés au loin.

Enfin nous avons regagné Salau sans être mouillés, comme je l'ai dit, l'orage ayant filé devant nous. Cependant il est tard déjà, le ciel se rembrunit encore de temps à autre d'une façon alarmante et si nous arrivons à Saint-Girons ce ne sera guère avant huit heures du soir, et encore.

On paie les guides, on remonte en voiture et en route pour Saint-Girons!

Mais voilà que l'orage nous rattrape dans notre fuite, qu'à Couflens il fait nuit noire, qu'il y pleut à ravages et qu'il y tonne avec un fracas assourdissant. Les conducteurs se refusent à aller plus loin, l'exemple des dégâts causés sur la route par l'orage de la veille étant fait pour leur inspirer, comme à nous, des craintes salutaires. On aurait de bons chevaux et de bonnes voitures, passe encore ; mais notre matériel ne permet pas de tenter l'aventure.

Il n'y a pas à dire, il faut attendre au moins que la bourrasque soit passée. On songe à souper. Mais nous sommes dans une auberge de village (il y a 1,000 habitants environ à Couflens) qui a tout juste trois lits et une couchette de domestique. La rafale continuant, on décide qu'on ne partira pas. Alors, et tandis que le gros de la caravane décide de souper, les plus avisés d'entre les plus fatigués renoncent à un repas problématique et s'emparent des lits disponibles. Pour n'être pas taquinés, Armand, mon collègue de Marseille, et moi, en occupons un, M. de Schwerin se met dans le second, et le médecin militaire prend la couchette. L'hôtesse trouve à loger M. et Mme R..... chez un boulanger, et les autres avisent : le commandant Blanchot couche sur une banquette du break, Loiseau dessous, Schrader dort assis devant la table de l'auberge, d'autres dans la calèche, etc..., et il y en a une vingtaine comme cela ; le dernier, un riche Picard qui voyage en vrai touriste, couvert de chapeau, de vêtements et de chaussures imperméables, couche tranquillement à la belle étoile assis sur une borne.....

Et dire que les pauvres gens ont dû se contenter pour le souper d'une omelette à l'huile, et quelle huile !.....

Et notre dîner ! et les braves gens de Saint-Girons qui nous attendent ! et M. Millas, dont nous manquons la conférence sur le chemin de fer transpyrénéen !!!...

C'est fâcheux, très fâcheux, et nous le regrettons pour notre part ; mais pourquoi aussi, Messieurs de Saint-Girons, nous avoir mis à la merci d'un conducteur de haridelles ?.....

A minuit on se lève pour repartir. Le temps s'est calmé et, il n'y a pas à dire, il faut prendre le train à 5 heures du matin pour Luchon.

Nous partons et nous arrivons, non sans avoir été obligés de suivre à pied les voitures dans les endroits dangereux et non sans risquer de manquer le train.

Nous profitons des arrêts de Boussenx et de Montréjeau, je ne dirai pas pour faire toilette, mais pour nous rendre un peu présentables. Nous arrivons à Luchon par le plus beau temps du monde.

Mais quelle différence d'aspect entre les deux vallées de la Pique et du Salat ! Plus large, plus habitée, bien moins dénudée, celle-là est riante et riche, tandis que celle-ci nous a paru sauvage et pauvre. Les eaux de Luchon ont fait la fortune de ce pittoresque pays. Plus vous approchez de cette charmante petite ville, plus la vallée se garnit de villas, d'habitations de fantaisie, de luxe, de plaisance, etc... Inférieure en population sédentaire à Saint-Girons, Bagnères-de-Luchon, ou plus simplement Luchon, reçoit un appoint considérable à la saison des eaux.

La réception qui nous est faite à Luchon nous rappelle, en la dépassant peut-être, les réceptions de Dunkerque, Calais, Boulogne et Saint-Omer. Favorisée par le beau temps, la fête dont nous avons été les héros a dépassé en éclat tout ce que nos souvenirs pouvaient nous rappeler.

M. le Maire et la municipalité de Luchon sont venus nous attendre à la gare et nous accompagnent dans six landaus jusqu'à l'hôtel d'Angleterre. Pressentant tout ce que la réception aura d'officiel et de représentatif, nous voulons absolument nous mettre dans une tenue correcte. Mais point, on ne nous en laisse pas le temps. On nous offre un bon déjeuner, après lequel les six landaus nous emmènent visiter la partie de la vallée qui remonte jusqu'au pied du port de Vénasque, au point où devrait être percé le tunnel transpyrénéen, dans le projet par la vallée de la Glère et de l'Esera-sur-Mouzon. MM. les ingénieurs sont très persuasifs et, sans doute, nous supposent une influence que nous n'avons malheureusement pas. D'ailleurs le congrès est fini et nous ne pourrions même plus présenter un vœu en faveur de leur projet. Cependant il ne faut pas désespérer, et la voie par ici se fera peut-être après celle par là-bas, car vraiment ce serait dommage de déshériter ainsi un pays aussi richement doté par la nature.

Évidemment nous ne tentons rien en vue de l'ascension du port de Vénasque, nous sommes fourbus de la campagne de la veille et d'ailleurs nous n'apprendrions pas grand'chose de plus ; nous retrouverions là encore des sentiers abruptes, des roches nues et arides.

En revenant, on nous fait visiter l'établissement thermal, l'un des plus beaux, des mieux aménagés que l'on puisse voir. Notre ami Blanchot se prête gracieusement à tous les traitements imaginables : cet homme-là est de fer et il nous étonne par son énergie après tout ce qu'il a fait pour l'exposition, le congrès, etc.

Tout cela nous a pris l'après-midi entier et nous rentrons pour le banquet.

Mais voici bien une autre fête. À peine les toasts de rigueur sont-ils terminés que nous sommes appelés, dans la cour de l'hôtel, par un spectacle nouveau pour tous : c'est la *retraite des guides*.

On sait que les guides, dans ces pays de montagnes, constituent une corporation importante et respectable ; c'est une profession tout comme une autre et qui jouit, par-là, d'une certaine considération.

Que l'on imagine une centaine de cavaliers avec béret bleu, veston court et pantalon blanc, répartis sur deux lignes et faisant tout à coup claquer leurs cent fouets avec une agilité étonnante, chaque fois que l'orchestre municipal qu'ils escortent s'interrompt. L'un d'entre eux nous *joue* la retraite en solo de fouet ; puis, après un tour dans la ville, orchestre et guides viennent nous prendre pour nous servir d'escorte jusqu'au rond-point qui est en face des Bains et au milieu desquels on va nous tirer un feu d'artifice. Dans son trajet, la colonne est éclairée de cent torches que des porteurs, marchant en serre-file, tiennent à la main (¹). Un hémicycle de banquettes et de chaises nous est réservé.

Est-ce tout ? — Que non pas. Nos hôtes s'emparent de nous et nous conduisent au Casino, où M. le Directeur de l'établissement thermal nous offre un punch.

Autre chose encore : M. le Maire et M. le Directeur ont mis à notre disposition leurs loges au théâtre du Casino, où l'on joue le *Barbier de Séville*. Mais je suis exténué et le *grand air de la Calomnie* ne peut me sortir de l'état de somnolence où je suis. M. de Schwerin, qui ne vaut pas mieux, a déjà voulu échapper avec moi à ce comble de réception ; mais le moyen de se soustraire à des hôtes qui se multiplient ainsi pour nous recevoir !

Écoutez : c'est par un sentiment de vive gratitude que j'ai raconté, dans tous leurs détails, ces réceptions hospitalières par excellence ; mais je vous déclare qu'il n'y a pas là de quoi faire envie à personne. La moitié, le quart de cela serait assez, et Luchon nous a à ce point rassasiés, que toute autre réception nous paraîtra plus mesquine et cependant nous ne nous en plaindrons pas. On paie trop cher, par un excès de fatigue, la satisfaction très réelle d'être si bien reçus.

Le temps n'est plus assez sûr pour le lendemain ; un orage menace, à l'Ouest, de compromettre l'excursion au Pic du Midi où cependant il y aura des choses utiles à voir. Mais je n'en puis plus et le temps est trop douteux : décidément j'y renonce.

Plus intrépides, mon collègue M. Loiseau et d'autres, — des amateurs qui n'ont pas beaucoup payé de leur personne au congrès, — partent, les uns, le lendemain au premier train, les autres, plus braves encore, le soir même par le train de minuit. Le commandant Blanchot est de ces derniers ; mais lui c'est pour rentrer à Toulouse où, sans prendre de repos, il sera là prêt, à 4 heures du matin, pour assister à une de ces marches d'entraînement dont le général Lewal ne lui fait pas grâce.

(¹) Certes, la municipalité de Luchon ne l'a pas fait tout exprès pour nous, car c'est un des divertissements communs des villes d'eaux. Seulement on l'a différé pour nous du dimanche au mardi, afin d'ajouter à l'éclat de la réception.

Deux ou trois de mes compagnons, restés avec moi, vont visiter seuls la vallée du Lys.

Je ne sache pas qu'une description quelconque puisse donner l'idée des merveilles naturelles de Luchon et de ses environs. Si l'album de notre Société suit son cours, je tâcherai qu'il donne quelques-unes des vues de ces sites charmants ou grandioses : il faudrait, sinon un volume, au moins une place que je n'ai plus dans ce travail pour les décrire.

Je préfère clore cette partie relative à nos excursions par quelques détails rapportés par M. Loiseau sur celle du Pic du Midi.

Après avoir déjeuné à Luz et atteint, à la fin de la journée, le col de Sencours, « étroit passage dans un majestueux chaos de pierres amoncelées », la caravane couche à l'hôtellerie qui est un peu au delà. « Cet asile hospitalier, construit au pied même du Pic proprement dit, à environ 2,500 mètres au-dessus du niveau de la mer, servit, jusqu'en 1880, d'observatoire provisoire au général de Nansouty. Aujourd'hui, ce n'est guère qu'un petit bâtiment plus long que large. qui, pendant l'été, permet aux touristes d'y passer la nuit et d'aller contempler le matin, à l'observatoire même, au sommet du Pic, le lever du soleil sur la chaîne des hautes Pyrénées. » Le défaut de place à l'hôtel décide M. Loiseau, en compagnie de M. Regnault, à aller coucher à l'Observatoire même, à 2,877 mètres d'altitude. Mais, surpris par un orage épouvantable, ils s'égarent éblouis par la rapidité et la violence des éclairs et des feux Saint-Elme qui brillent sur leurs bâtons de montagnes, leurs barbes et leurs chapeaux. Enfin ils arrivent, « les fatigues sont oubliées et le souvenir seul de cette nuit de sublime horreur me reste éternellement dans la mémoire. »

Mais les nuées ne sont pas disparues le lendemain et elles interceptent la vue de l'incomparable panorama dont on jouit au Pic du Midi. « Par un temps propice, l'œil, paraît-il, peut aller heurter, à l'Est, le massif du Pelvoux, dans les Alpes Dauphinoises, et, à l'Ouest, les côtes du Portugal. »

Le directeur de l'Observatoire du Pic du Midi, M. Vaussenat, s'est fait le cicerone de la caravane et lui a fait l'historique de cet établissement fondé en 1873. En reconnaissance, les membres du congrès font présent d'un hygromètre de précision au personnel de la station. Ici, ils ont rendu hommage à la science ; à Luchon, ils ont rendu hommage a la vaillante Mme R.... en lui offrant, en souvenir, un produit de l'industrie des Pyrénées. Puis, chacun est revenu dans son pays, quelques-uns certainement y rapportant les meilleurs souvenirs et, ce qui est plus important et plus rare, la satisfaction du devoir accompli.

La conclusion annoncée, prévue, obligatoire même de ce rapport, est une étude sommaire des conditions de succès et d'avenir de notre congrès, ce qui revient à étudier son utilité et son efficacité.

Dans le cours de la rédaction un peu tardive du travail qu'on vient de lire ont paru justement une note de M. Drapeyron et le rapport de M. Loiseau. Cette double publication m'entraîne à modifier, en la simplifiant, la rédaction de ma conclusion. C'est d'autant plus facile que, suivant des inspirations spontanées, dans le cours de cet écrit, partout où l'occasion s'en est présentée, un peu à bâtons rompus, il est vrai, je me suis livré aux observations, voire même aux conclusions que comportaient les questions et les circonstances.

Mais la note de mon ami M. Loiseau me met bien plus à l'aise encore et je lui sais d'autant plus gré d'avoir poussé la chose un peu à l'extrême, « au risque, dit-il lui-même, de passer pour un révolutionnaire », qu'il me fournit la plate-forme de ma conclusion et l'occasion de lui prouver, je l'espère, que pas n'est besoin d'aller si loin pour que le congrès national des Sociétés françaises de géographie atteigne pleinement son but et devienne le prototype de tous les congrès possibles de ce genre.

Je pose tout d'abord, en fait indéniable, que si notre congrès a péché en quelque chose, cela n'a tenu qu'à deux causes primordiales : l'inexpérience des organisateurs, et leur oubli voulu, pour la plupart du temps, des précédents et souvent même des vœux antérieurement émis. Non qu'il y ait dans cette affirmation l'ombre d'un reproche, — tous ceux de nos collègues auxquels je fais ici allusion sont trop dignes d'éloges pour cela; — cependant, si on ne peut être tenu de deviner ce que l'on ignore, on n'a pas beaucoup d'excuses à invoquer quand on ne tient nul compte d'un vœu formel.

Il n'est pas, il ne peut pas être dans ma pensée de faire le procès de personne, et quand je cite des faits je ne songe nullement à récriminer, mais à prémunir les organisateurs pour l'avenir. Or, sans tenir compte d'un vœu émis à Douai, nos amis de Toulouse ont *coupé* le congrès par une excursion. On sait la raison pour laquelle je n'y ai pas pris part, et l'état de fatigue où j'étais me l'a moins fait regretter, bien que pour moi elle eût été des plus instructives. Mais il est d'autres de nos collègues qui, pour des raisons diverses, ne voulaient pas en profiter et qui, obligés de perdre ainsi inutilement une journée à Toulouse, avaient grand sujet de se plaindre. C'est déjà parce que pareil fait s'était produit à Douai, que M. Morel de Nantes a fait émettre un vœu qui devait et devra faire loi pour l'avenir.

Que, pour l'étude d'une exposition ou pour les travaux du jury, une interruption ait lieu dans le cours du congrès, cela, suivant les circonstances, a du bon et a du moins pour avantage de ne pas empêcher les membres du jury d'assister à des séances où leur présence est parfois indispensable ; mais ce sont ces irrégularités, ces entraves si nuisibles au bon fonctionnement et à la marche des travaux du congrès qui ont amené notre collègue et ami M. Loiseau à souhaiter qu'à l'avenir on ne fît plus d'exposition simultanée avec les sessions du congrès. Il croit qu'il y a là une trop grande complication pour l'organisation des deux choses et que la bonne volonté des organisateurs n'y peut suffire. Comme je me suis trouvé en pareil cas, je parle par expérience personnelle et je dis que ce n'est pas si difficile que cela. Il suffit que l'on organise *d'abord* l'exposition et qu'il n'y ait pas à y revenir au moment du congrès. Quant au congrès lui-même, ce n'est absolument qu'une organisation de cabinet, ce qui veut dire qu'un homme de bonne volonté, se conformant au règlement, n'a qu'à préparer la suite des ordres du jour et à la présenter tout de suite dès avant ou immédiatement après la séance d'ouverture au comité du congrès.

Mais avec quoi préparer les ordres du jour ? Ne faut-il pas, comme le demande M. Loiseau, qu'un congrès dicte, avant de se séparer, les questions qui devront être traitées à la session suivante ? Cela me paraît impossible pour toutes sortes de raisons dont deux sont décisives. La première, c'est que nous vivons en un temps où le cours d'une année voit surgir dix questions nouvelles qui peuvent s'imposer d'une façon inattendue à la session suivante, tandis que, par contre, d'une année à l'autre, telle question en suspens peut recevoir sa solution et n'offrir plus le même intérêt. On en a eu un exemple cette même année, à Toulouse, à propos du travail de M. Gallé : entre la rédaction et la lecture est intervenue la décision de la commission supérieure spéciale qui, sans résoudre peut-être absolument la question des consulats, en a modifié singulièrement les termes.

La seconde raison c'est que le congrès ne saurait rien ôter à l'initiative de telle ou telle société de présenter une question à la session qui suit.

Non, de ce côté il n'y a pas d'autre ligne de conduite à suivre que celle qui a été suivie jusqu'ici. Seulement c'est l'affaire des Sociétés de géographie de présenter à l'étude des congrès des questions sérieuses, mûries sinon résolues autant que possible dans leur sein. Que s'il se produit quelques abus, soit par la présentation de questions en dehors de la compétence du congrès, soit par le trop grand nombre de questions posées, le congrès, par l'organe de son comité, reste toujours libre de rejeter celles dans lesquelles il ne croit pas devoir s'engager, ou de donner la priorité à celles qui lui paraissent les plus dignes de son attention et de son examen.

C'est donc de la simplicité la plus élémentaire et il suffit que le bureau de la société organisatrice, par l'intermédiaire de celui de ses membres qu'elle aura chargé des détails d'organisation, présente, comme je l'ai dit, au début du congrès, les ordres du jour provisoires qu'il aura préparés.

J'ai déjà dit, à propos des expositions, qu'il n'y avait nulle nécessité de leur donner un développement aussi considérable qu'à Toulouse (¹). M. Loiseau se demande s'il ne serait pas mieux que les sociétés re missent ces expositions à d'autres occasions, comme les concours régionaux par exemple.

Je regrette de n'être pas encore ici de l'avis de mon collègue, bien que je ne le tienne nullement pour un révolutionnaire. Non pas que je considère les expositions comme des annexes indispensables d'un congrès ; mais on ne saurait méconnaître qu'elles déterminent, de la part du public, une plus grande attention, tant sur la géographie en général que sur le congrès en particulier (²).

Il y a encore une raison plus sérieuse et, pour délicate qu'elle soit, je ne puis la passer sous silence.

En d'autres circonstances, j'ai déjà expliqué la nécessité du concours d'un jury local préparatoire, lequel doit être appelé à faire partie du jury définitif et à en préparer les travaux par un examen préliminaire et détaillé. Le seul danger qu'il présente c'est bien moins celui de l'incompétence que celui de l'influence de certaines personnalités ou institutions dominantes de la région, de certains partis pris ou sièges faits à l'avance qui pèsent sur les décisions du jury le mieux intentionné. Je pourrais citer des faits ; mais je ne veux mettre ici personne en jeu ; il me suffit de signaler un mal possible pour que l'on comprenne combien est salutaire et équitable l'intervention de personnalités venues du dehors, ayant une certaine expérience des choses, très indépendantes par cela même et connaissant depuis longtemps la valeur de certains travaux plus encombrants que méritants, et de certains auteurs plus habiles à se faire valoir qu'à produire des œuvres sérieuses et originales.

Bien plus : est-ce qu'il n'est pas d'un grand intérêt pour nous autres délégués, venus des quatre coins de la France, de pouvoir nous rendre compte de ce qui se fait dans des régions situées à deux cents

---

(¹) Bien entendu que cela dépend des moyens d'action des sociétés, et que quand elles peuvent embrasser, sans efforts, un plus grand domaine, je suis le premier à y applaudir, à la condition, cependant, que ce ne soit pas au détriment de la partie que je considère comme la plus essentielle : celle de l'enseignement.

(²) Il est acquis aujourd'hui aussi que l'éclat donné aux expositions comme aux travaux du congrès a été des plus profitables aux sociétés de géographie qui ont eu l'honneur et la peine de recevoir et de préparer le congrès.

lieues des nôtres pour le progrès de l'enseignement? N'est-il pas dans notre mission de dire à nos sociétés où l'on en est dans la marche en avant, dans la réforme des méthodes d'enseignement et dans leur application? Mais, pour ma part, je n'ai qu'un regret, c'est que l'on n'ait pas toujours pris, jusqu'aujourd'hui, des mesures pour laisser aux délégués, soit pendant la durée du congrès, soit avant le départ pour les excursions, soit enfin dans les délais demandés aux compagnies de chemins de fer, le temps d'examiner sérieusement l'exposition scolaire.

Il est regrettable aussi que tous les délégués ne s'occupent pas, avec un égal intérêt, de cette partie de l'exposition, la seule qui en soit la raison d'être. Je conviens qu'il est très long, très ardu, très difficile surtout, de pénétrer dans le détail de la seule section de l'enseignement : c'est pour cela qu'il importe beaucoup que ce soit de ce côté principalement que le *jury préparatoire soit le plus nombreux et fonctionne avec le plus d'assiduité.*

Et, ici, j'appellerai l'attention toute particulière des futurs organisateurs sur un point très délicat. En ces sortes de circonstances, il ne manque pas de gens auxquels le bureau de la société organisatrice se croit obligé de plaire, gens qui veulent toujours être quelque chose quelque part et que l'on nomme membres du jury local, par exemple, pour leur donner une satisfaction d'amour-propre. Mais, gens dont la paresse le dispute souvent à l'incompétence, on ne les voit paraître que pour trôner dans les séances solennelles dans lesquelles leur *situation* impose en quelque sorte de leur faire une place bien en vue, ou, dans les séances du jury, que pour soutenir quelque intéressant exposant dont la *situation* aussi est telle qu'on ne peut, affirme-t-on, se dispenser de le récompenser, si piètre que soit son travail. C'est donc une question très importante que le choix des membres de cette section du jury à laquelle j'assimile aussi celle qui est chargée du matériel et des publications de l'enseignement.

Je sais bien que l'on ne trouve pas toujours sur place, en assez grand nombre, les personnes ayant les qualités requises; mais je donnerai en exemple la manière dont on s'en est acquitté à Bar-le-Duc en 1883. Certes, moins qu'à Lyon, ou à Bordeaux, ou à Douai, ou à Toulouse, il n'y avait à Bar-le-Duc même le personnel suffisant. Qu'a fait le bureau de notre section meusienne? Il a pris, dans les trois départements où rayonne la Société de géographie de l'Est, tous les hommes connus par leur compétence et leur bonne volonté, et les a nommés du jury provisoire. Mais pour ne les pas obliger à un déplacement auquel la plupart d'entre eux se seraient refusés, ceux des membres du jury résidant à Bar-le-Duc leur ont adressé au préalable tous les travaux des instituteurs, par exemple, qui étaient plus susceptibles d'une étude approfondie et longue, en ne conservant pour eux, à Bar-le-Duc, que les travaux d'élèves. Ces membres extra-muros du jury ont alors envoyé, en temps utile, un rapport sur chacune des œuvres qui leur avaient été soumises et cela a permis au jury général, et particulièrement aux membres venus du dehors, comme mon collègue de Nancy et moi, de faire promptement et en connaissance de cause un classement bien raisonné de tous les travaux de cet ordre.

Je recommande donc avec instance ce précédent aux futurs organisateurs du congrès.

Et maintenant que je crois avoir prouvé que si les expositions annexées au congrès ne sont pas indispensables, elles sont au moins très utiles, — et avoir indiqué comment elles doivent être organisées et étudiées, je reviens au congrès en lui-même pour me résumer et conclure.

J'ai dit, dans le cours de ce rapport et sans qu'il soit besoin d'y insister de nouveau (¹), de quelle manière devait être compris le rôle du *Congrès national des sociétés françaises de géographie* ; j'ai fait ressortir l'importance qu'avait, pour les sociétés intéressées, le choix de leurs délégués et l'étude préalable des questions à soumettre au congrès ; j'ai indiqué la nature du concours à attendre des sociétés qui s'occupent de sciences connexes ou latérales à la géographie, la part équitable à leur faire au congrès, tout en réservant la part décisive et exclusive des sociétés spéciales de géographie ; puis, la sévérité qu'il fallait apporter à l'exclusion d'office de toutes les questions oiseuses et tout en dehors de la géographie (²). J'ai montré les inconvénients qu'il y avait à couper les sessions par des excursions et le moyen de mettre les délégués en mesure de suivre à la fois les séances du congrès et celles du jury aussi bien que les excursions.

La tradition a fait de celles-ci le troisième élément de nos réunions, et certes on ne peut que l'approuver entièrement. A Bordeaux, à Douai, à Toulouse, elles ont servi plus à l'instruction qu'à l'agrément des délégués. C'est de la géographie pratique et il est à souhaiter que les délégués prennent à cœur d'en rapporter le plus de fruit possible pour leurs sociétés. Les excursions sont comprises ainsi d'ailleurs dans les autres congrès scientifiques où l'on en fait tantôt un appoint, tantôt un corollaire indispensable. La preuve est donc faite de ce côté et il ne

---

(¹) Voir également ma lettre à M. Ch. Gauthiot et publiée dans le 2ᵉ fascicule du *Bulletin de la Société de géographie commerciale* de Paris, année 1884-1885.

(²) J'en ai cité dans le cours de ce travail ; mais je pourrais donner comme exemple typique la question de *l'unification des monnaies* présentée au dernier congrès de Toulouse. Si les sociétés de géographie s'occupent de cela, de quoi ne s'occuperont-elles pas ?

reste aux organisateurs à venir qu'à les comprendre et à les préparer comme on l'a fait particulièrement à Bordeaux, à Douai et à Toulouse.

Mais si toutes les considérations, les critiques et les avis qui ont fait l'objet le plus essentiel de ce travail, suffisent à montrer la voie à suivre désormais par notre congrès, sous peine de mort, ils seraient impuissants à en faire ressortir l'utilité si l'on devait continuer à ne pas donner aux vœux ou aux résolutions du congrès la sanction dont ils sont susceptibles.

On a bien dit que la seule sanction possible à certains vœux était de les renouveler jusqu'à ce que l'opinion s'en saisisse. Médiocre et souvent platonique sanction! efficacité problématique et illusoire! L'opinion est à ce point occupée en France, par les mille courants qui la sollicitent, qu'elle ne s'attache qu'à ceux qui la secouent et l'entraînent vigoureusement ; les autres elle les dédaigne, les dépasse, ou les absorbe. Et je n'en veux pour preuve que le mouvement qui entraîne aujourd'hui toute l'Europe occidentale vers le développement colonisateur. On a reconnu, mais un peu tard, que les Sociétés de géographie étaient bien pour un peu dans ce mouvement, et la presse politique, la presse quotidienne, qui a fait aujourd'hui son affaire, sa chose de ce mouvement, comme si c'était à elle qu'il fût uniquement dû, a longtemps dédaigné et ne tient encore aujourd'hui qu'en maigre estime ces petites sociétés provinciales de géographie qui sont avant tout des sociétés de vulgarisation et de propagande. Il est peu, bien peu de journaux de nos grandes villes de province qui prennent à cœur, je ne dirai pas de faire bonne figure, bon accueil si l'on veut, c'est dans l'usage, aux travaux de ces sociétés, mais de les soutenir énergiquement de les recommander, ne fût-ce qu'en faisant une part autre à leurs travaux que celle d'un simple fait divers. Et la *grande presse* parisienne s'occupe-t-elle seulement de nos congrès, où cependant la géographie, quoi qu'en ait certains esprits chagrins ou prévenus, fait meilleure figure et où l'on taille de meilleure besogne qu'en plus d'un congrès plus nombreux et plus à effet (¹)? Que non pas.

Et d'ailleurs, qu'a-t-on fait pour donner à ses résolutions une efficacité quelconque? Quelle session a indiqué la suite à donner à ses vœux? Quelle société a pris en main, le congrès qu'elle avait organisé étant clos, de poursuivre la réalisation possible des résolutions prises?

Mon cher collègue, M. Loiseau, a donné, en terminant son rapport, l'idée de la transmission au Gouvernement et à la presse des vœux émis par le congrès. C'est d'une bonne intention, mais c'est insuffisant.

(¹) J'ai dit précédemment que notre congrès de Toulouse avait plus fait que le congrès pour l'avancement des sciences qui n'a que réédité des questions pour la plupart déjà épuisées dans nos congrès.

Il n'a pas songé que c'est seulement une des formes que j'ai indiquées avant lui, dans la note communiquée à toutes les Sociétés à la suite du congrès de Douai et comme conclusion à mon projet de règlement (1). Certes, il faut bien, dans toutes les questions dont la solution dépend exclusivement de l'intervention de l'État, solliciter le Gouvernement de s'en saisir. Mais il faut que le congrès lui-même agisse et que les résolutions de cet ordre soient transmises à qui de droit, signées de tous les délégués, par des gens ayant un peu ce que l'on appelle l'oreille du Gouvernement.

Cependant, l'État est par nature si envahissant, si absorbant déjà et partant si absorbé, qu'il y faut recourir le moins possible. Le congrès doit donc puiser en lui-même et dans les sociétés dont il est la représentation les moyens d'action propres à réaliser ses vœux.

J'aurais trop à dire, même en m'en tenant aux généralités, sur ce point; je préfère de beaucoup réunir dans un ensemble, qu'il me paraît indispensable de former à tous les points de vue, tous les vœux émis par le congrès depuis sa première réunion en 1878. On trouvera à la fin de ce rapport, et parmi les pièces justificatives les plus indispensables, avec le règlement, le tableau de tous ces vœux classés par catégories, suivant la nature de sanction dont ils sont susceptibles. Et alors, s'il m'est donné encore de représenter la Société de géographie de l'Est à nos prochaines assises, je demanderai que le comité du congrès se saisisse de la suite à donner à ceux de ces vœux qui sont restés jusqu'à présent lettre morte. Il y a là déjà de quoi occuper efficacement une partie de la prochaine session et ce sera du temps mieux employé, en tous cas, que d'épiloguer sur tel ou tel projet fantaisiste dont il peut plaire à certains d'encombrer nos sessions. Et si les circonstances s'opposent à ce que j'assiste à notre plus prochaine réunion, il y aura bien parmi mes chers et dévoués collègues, un groupe résolu à entrer dans cette voie décisive.

Tel est l'ensemble des progrès à réaliser dans le fonctionnement de notre congrès, ensemble dont le règlement voté à Toulouse forme la pierre angulaire. Que s'il présente quelques imperfections ou quelques lacunes, — où est la constitution qui n'en a pas? — que l'on attende d'une expérience consciencieuse la révélation de ses points faibles. Mais tel qu'il est, il doit suffire, dès maintenant, pour rassurer les travailleurs sérieux et encourager les véritables savants à nous apporter leur concours. Encore une fois, c'est eux seuls qui feront de notre congrès un congrès de résultats et non un congrès de parade, et le règle-

---

(1) Proposition de sanction concernant quelques-uns des vœux émis par le congrès de Douai en 1883, page 11 de la *Note sur l'organisation, le fonctionnement et l'action du congrès national de géographie.*

nent voté à Toulouse offre assez d'élasticité pour satisfaire aux situa-
ions les plus diverses et aux interprétations les plus légitimes. Que
es sociétés, elles, ou plutôt que les hommes de savoir et de bonne
volonté qu'elles comptent dans leur sein prennent à tâche de fournir
au congrès des sujets d'étude dignes de lui et à la hauteur de la
mission qu'il doit remplir ; que surtout les sociétés organisatrices con-
dent le rôle pénible, mais enviable et honorable après tout, de l'organisation du congrès, à des hommes aussi laborieux et actifs qu'intel-
ligents, et le reste nous sera donné par surcroît : la plus mauvaise des
constitutions donnera les meilleurs résultats entre des mains habiles
et énergiques : *et nunc erudimini*.

PIÈCES JUSTIFICATIVES (¹).

Règlement du Congrès national des Sociétés françaises de géographie.

I.

Tous les membres des Sociétés françaises de géogpaphie sont admis
à faire partie du congrès national.

II.

Le congrès tiendra sa session annuelle au siège de l'une des Sociétés, laquelle sera chargée de l'organisation.

III.

Chacune des Sociétés françaises de géographie déléguera spécialement, pour la représenter au comité du congrès, un de ses membres
muni de ses pouvoirs.

IV.

Les délégués des ministères et des Sociétés qui ont certaines
études communes avec les Sociétés françaises de géographie pourront

(¹) Nous avons réuni de nombreuses pièces justificatives dont les titres ont été
indiqués dans le cours de ce travail. Malheureusement, elles constituent à elles
seules un ensemble de documents presque aussi important que notre compte rendu
lui-même. La publication en sera donc inévitablement longue et, comme il y une
certaine urgence à publier au plus tôt notre compte rendu, nous devons, pour le
moment, nous contenter d'y joindre les deux pièces les plus essentielles, à savoir :
le Règlement voté à Toulouse et le Relevé de tous les vœux émis par le congrès
national de géographie, depuis sa première session, à Paris, en 1878.

prendre part aux travaux du congrès. Seuls, les mandataires des Sociétés de géographie précitées constitueront le comité du congrès.

V.

La session du congrès pourra durer de cinq à six jours consécutifs. Autant que possible, la Société organisatrice devra éviter de l'entrecouper par des excursions.

VI.

Lorsque la Société appelée à recevoir le congrès aura organisé une exposition, un jury local sera formé par ses soins pour préparer les opérations du jury définitif.

VII.

Durant la session, les membres du congrès, suivant leurs aptitudes, seront répartis dans les diverses sections pour constituer le jury définitif.

VIII.

Ne pourront faire partie du jury les membres du congrès qui sont exposants personnels, s'ils ne sont mis hors concours, au moins dans la section dont ils font partie.

Toutes les expositions collectives seront, pour les récompenses accordées, mises hors concours.

Il est entendu, toutefois, que les membres isolés de ces collectivités auront droit à concourir aux récompenses à titre personnel.

IX.

La session s'ouvrira par une séance générale dans laquelle seront prononcés les discours de cérémonie.

Dans la séance générale suivante et dans l'ordre d'ancienneté des Sociétés françaises de géographie, le délégué de chacune d'elles fera l'exposé sommaire de ses travaux.

X.

Les comptes rendus des autres Sociétés se feront à la suite et dans l'ordre précité. La lecture des rapports ne devra pas durer plus d'un quart d'heure.

XI.

Une fois ouvert, le congrès tiendra une séance le matin et une l'après-midi.

Les séances du matin seront exclusivement consacrées aux travaux sujets à discussion.

Celles de l'après-midi comprendront les communications diverses.

Il ne pourra être dérogé à cette disposition qu'en cas de force majeure ou quand il y aura surcharge à l'une des séances au détriment de l'autre.

Il pourra être organisé, suivant les besoins, des séances du soir pour des conférences spéciales.

XII.

La Société organisatrice sera chargée de pourvoir au service du secrétariat et de la publicité.

XIII.

Afin d'éviter des surcharges d'ordre du jour et de conserver aux délibérations du congrès leur caractère absolument géographique, les personnes qui auront des communications à faire devront en donner au préalable le titre et, au besoin, le caractère défini à la Société organisatrice.

XIV.

Les ordres du jour seront préparés par le bureau de la Société organisatrice.

Si, dans le cours de la session, sous un titre géographique, il est présenté un travail ayant un tout autre objet, la parole sera retirée à son auteur après consultation de l'assemblée par le président.

XV.

La présidence des séances du matin, comme de celles de l'après-midi, revient de droit aux délégués officiels des Sociétés de géographie et par ordre d'ancienneté de chacune d'elles. Il ne pourra être dérogé à cette règle que sur l'avis du comité du congrès.

XVI.

Si des délégués du Gouvernement, des membres des Sociétés étrangères de géographie sont présents, à titre officiel ou non, la présidence d'honneur de l'une ou l'autre séance pourra leur être offerte.

Le bureau de la Société pourra présenter comme vice-présidents ou assesseurs les représentants des Sociétés, Académies, Administrations ou Institutions locales.

XVII.

L'ordre du jour et l'organisation du bureau des séances supplémentaires du soir sont réservés à la Société organisatrice.

XVIII.

Toute question admise au congrès sera traitée en séance de discussion générale. Les vœux qui pourront être formulés seront tous renvoyés au comité composé uniquement des délégués spéciaux des Sociétés de géographie à raison de un par Société. La décision du comité pour l'acceptation ou le rejet des vœux sera souveraine.

En séance générale de clôture, le président du congrès fera connaître les vœux que le comité aura maintenus.

XIX.

A chaque session, le congrès désignera la Société qui devra le recevoir à la session suivante. Cette désignation devra être faite, quand il sera possible, deux ans à l'avance.

XX.

Le président de chaque séance sera chargé d'assurer l'exécution du présent règlement et de prendre toutes les mesures nécessaires pour maintenir la régularité de la marche des travaux.

XXI.

Un **exemplaire** du présent règlement sera distribué à chacun des membres du congrès à la séance d'ouverture de chaque session et sera déposé en permanence, par les soins de la Société organisatrice, sur le bureau de l'assemblée.

Le présent règlement a été délibéré et arrêté par le congrès réuni à Toulouse et dûment saisi, dans la séance du 9 août 1884.

L'œuvre des sessions du Congrès national des Sociétés françaises de géographie.

Relevé des vœux émis dans les sessions 1878, 1879, 1880, 1881, 1882, 1883 *et* 1884 (¹).

1° Enseignement de la géographie.

1879.

Que l'enseignement de la topographie devienne obligatoire dans les écoles primaires.

(¹) Nous n'avons pas entendu (car ce serait bien long et sans grande utilité) donner le texte complet de tous les vœux émis et particulièrement de ceux qui ont reçu leur réalisation et qui sont, par conséquent, hors de cause. Il en est de même de ceux qui, dans leur forme primitive, sont susceptibles de grandes modifications et qu'il suffit de rappeler dans leur esprit. Nous avons laissé dans leur texte primitif

Que dans chaque Société de géographie se forme une commission ou section spéciale de topographie qui se mette en rapport avec la Société de topographie.

Que la concordance de l'enseignement de la géographie et de l'histoire soit établie dans les écoles, lycées et collèges.

Subsidiairement, qu'une salle spéciale soit consacrée exclusivement à cet enseignement dans les lycées et collèges.

Qu'une exposition ait lieu, chaque année, dans toutes les villes possédant une Société de géographie et par rang d'ancienneté de celle-ci.

1880.

Que, dans l'enseignement de la géographie, on doit passer des détails à l'ensemble.

Qu'il y a utilité à multiplier les cartes murales; que des cartes exactes locales soient peintes sur les murs de l'école; qu'il y a lieu d'encourager la reproduction des cartes en relief par la photographie ou par tout autre procédé.

Que l'on encourage le plus possible la publication des cartes en relief par l'estampage pour l'enseignement en général.

Que la géographie prenne une place importante à côté des autres études; que l'enseignement de la géographie et de l'histoire soit confié à des professeurs distincts et spéciaux; que des professeurs de géographie ou au moins des maîtres de conférences soient nommés dans toutes les Facultés à mesure que faire se pourra; qu'il soit créé une licence en histoire et en géographie.

Que les écoles soient dotées de reliefs dressés à l'échelle de la carte de l'état-major et qui reproduisent, autant que possible, les détails de cette carte.

La géologie doit être prise pour l'une des bases essentielles de l'enseignement de la géographie.

Que la géographie militaire prenne place dans l'enseignement.

1881.

Que l'École des hautes études commerciales soit transformée ou complétée de manière à rendre aux écoles supérieures actuellement existantes les mêmes services que les Facultés rendent aux lycées.

Que des chaires de siamois, de cambodgien et de barman soient créées à l'École des langues orientales vivantes; qu'il soit créé, dans

et exact ceux de ces vœux qui doivent, de l'avis même du comité de la Société de géographie de l'Est (réunion du 22 octobre), être appuyés de nouveau dans les prochaines sessions. A cet effet et pour les distinguer de ceux que notre comité ne croit pas devoir maintenir, leur texte a été indiqué en italique et, en renvoi, les modifications de forme ou de fond que ledit comité désire y voir apporter.

les principaux ports commerciaux de France, des cours du soir, publics et gratuits, des langues parlées dans nos colonies et dans les pays avec lesquels nous avons le plus de relations commerciales.

1882.

Que dans les examens du brevet de capacité et du brevet supérieur, une note spéciale de géographie soit donnée pour l'examen oral et qu'une composition de géographie fasse partie de l'examen écrit, au moins une fois par an.

*Qu'en principe, on admette la création d'une agrégation de géogra*phie, et, à défaut, qu'il soit fait une plus large part à la géographie dans l'agrégation de l'histoire (¹); qu'à l'exemple de ce qui s'est fait en 1876, un sujet de thèse au moins soit choisi parmi les questions géographiques; *qu'un croquis au tableau soit obligatoire pour tout candidat; que dans la licence d'histoire et de géographie, la composition de géographie soit séparée de* l'histoire du moyen âge (²) *et qu'elle obtienne le même nombre de points que les autres compositions;* que l'on nomme dans les lycées des professeurs de géographie et qu'on affecte à cet enseignement autant d'heures qu'à celui de l'histoire.

1883.

Que l'on fasse une part plus grande dans l'enseignement de la géographie à la géographie descriptive et à la couleur locale et que les professseurs s'inspirent de ce vœu dans leur enseignement.

Confirmation des vœux des précédentes sessions sur les éléments fondamentaux de l'enseignement géographique (géologie, géographie physique, etc.) dans le sens de leur extension à l'enseignement primaire.

Qu'il y a utilité à inviter les Sociétés de géographie à publier une carte et une géographie des régions où elles sont établies.

1884.

Renouvellement du vœu concernant l'agrégation spéciale de géographie.

Renouvellement du vœu conditionnel de la création des chaires de géographie dans les Facultés.

(¹) Notre comité rejette absolument, comme impossible et impraticable, cette seconde partie du vœu.

(²) Notre comité demande le changement de ces derniers mots en ceux de : *celle d'histoire moderne.*

2° Vulgarisation et histoire de la géographie.

1878.

Que des cartes murales soient mises dans toutes les gares de che-mins de fer.

Que dans chaque commune soit établi une pierre ou un bois portant les indications géographiques relatives à la commune et à la région.

Vœu relatif à la concession par le ministère et au bénéfice des caravanes scolaires des mêmes avantages, pour les excursions maritimes, que ceux dont ces caravanes jouissent sur terre.

Que les bureaux des Sociétés françaises de géographie s'entendent avec la direction du Club alpin pour que ses diverses sections deviennent des centres d'études et de conférences géographiques.

Vœu en faveur de travaux d'ensemble pareils au travail présenté sur l'Afrique par M. Duveyrier au congrès de l'avancement des sciences. Invitation aux Sociétés de géographie de se partager les travaux.

1880.

Règles présentées par M. de Luze au sujet de l'orthographe des noms géographiques (¹).

Que les Sociétés de géographie organisent dans leur sein des commissions de géographie commerciale en relations entre elles et vulgarisent les renseignements commerciaux.

Qu'à l'exemple de la ville d'Anvers, sur les monuments publics soient établies des cartes murales dites A FRESQUE, *s'appropriant surtout à l'usage auquel est destiné le monument.*

1881.

Vœu concernant l'orthographe des noms géographiques (voir en 1880 et la note de renvoi).

Vœu concernant la prononciation des noms géographiques français; subsidiairement, que la Société de géographie de Bordeaux rédige un vocabulaire dont les épreuves seront soumises aux Sociétés de géographie.

Que chaque paquebot de la Compagnie transatlantique soit muni d'un atlas.

Que les agents français de tous ordres, les missionnaires, les commerçants, etc., soient invités à recueillir, pour le compte de l'État, le plus grand nombre de manuscrits, de l'Inde en particulier.

(¹) Maintien conditionnel de cette question; les règles posées par M. de Luze n'ayant reçu aucune sanction pratique, notre comité tient à ce que cette question reste à l'ordre du jour des discussions du congrès sous sa forme générale.

1882.

Terminologie des noms géographiques français. La base adoptée pour la terminologie et la prononciation est la prononciation locale (même réserve qu'en 1880 et en 1881).

Terminologie géographique faisant suite au travail présenté déjà par M. de Luze en 1880 *et en* 1881 (même réserve qu'à ces dates).

Que les archives de l'ancienne Guyenne soient transférées aux archives départementales (Haute-Garonne).

Que les Sociétés de géographie entreprennent dans leurs régions respectives la publication d'un LIVRE D'OR DE LA GÉOGRAPHIE, *à l'exemple de celui qu'a publié M. J. V. Barbier sous le patronage de la Société de géographie de l'Est.*

1883.

Que les ministres de la guerre, de la marine et des travaux publics veuillent bien accorder, à prix réduits, aux membres des Sociétés de géographie les cartes publiées par eux (¹).

Renouvellement du vœu sur la prononciation des noms géographiques français (mêmes réserves que précédemment).

Qu'il y ait, dans toutes les bibliothèques publiques, une section géographique contenant une collection aussi complète que possible des cartes nécessaires à l'étude; que la même mesure soit adoptée dans les bibliothèques de l'État.

1883.

Que les Sociétés de géographie emploient tous les moyens en leur pouvoir pour combattre la publicité d'œuvres cartographiques erronées ou vieillies.

3° Géographie commerciale et colonisation.

1878.

Vœu en faveur des entreprises tendant à encourager l'émigration et la colonisation.

Vœu en faveur de la création d'établissements sanitaires dans nos colonies.

Vœu en faveur de l'établissement de l'influence française au Tong-king.

(¹) Le comité de la Société de géographie de l'Est, comprenant que la chose n'est pas possible à plusieurs de ces ministères, demande que *ceux des ministères qui ne l'ont pas encore fait, accordent gratuitement les cartes qu'ils publient aux bibliothèques des Sociétés de géographie.*

Vœu en faveur de l'effort de la colonisation française en Afrique, exclusivement au sud de l'Algérie, au Sénégal et à l'ouest du lac Tsad (¹).

Vœu en faveur de l'établissement de stations bien choisies entre la Cochinchine et la Nouvelle-Calédonie et entre celle-ci et l'Amérique, pour servir de ports de ravitaillement et de refuge aux navires français.

1880.

Que des Chambres de commerce françaises soient créées dans les grandes villes du monde où résident un nombre suffisant de nos nationaux et que les Sociétés de géographie appuient cette création de toute leur influence et de toute la publicité dont elles disposent.

1881.

Vœu en faveur de la création d'une Société d'exportation pour faciliter aux jeunes gens sortis des écoles de commerce leur apprentissage à l'étranger, et pour favoriser l'augmentation du petit nombre de maisons françaises sur les principaux marchés du monde.

Que dans chaque consulat français un bureau soit fondé pour s'occuper exclusivement des affaires commerciales.

Vœux concernant les agents consulaires à Siam, en Birmanie, au Tong-king, à Haïnan et dans différentes villes du Cambodge et du Laos.

Qu'un chemin de fer soit construit de P'nom-peñ au Laos et de Hanoï à Mang-hao.

Renouvellement du vœu concernant la création des Chambres de commerce françaises à l'étranger.

1882.

Vœux en faveur de l'organisation de services sanitaires dans les ports où règne la fièvre jaune et d'une enquête pour déterminer les points où elle prend naissance et ceux où elle règne après importation.

Que la France prenne possession des Nouvelles-Hébrides; que la création d'un institut pour le développement de la colonisation, tel qu'il est proposé par M. Cerizier, sous-commissaire de la marine, soit l'objet d'études spéciales.

*Appel aux Chambres de commerce pour encourager la publication de l'*INDEX GÉOGRAPHIQUE *dû à M. Lucy.*

Qu'il soit créé, dans chacun de nos ports de commerce, un bureau

---

(¹) Notre comité rejette absolument ce vœu qui serait le désaveu le plus humiliant de l'œuvre de Brazza.

nautique spécial où les marins trouvent les renseignements nécessaires et les moyens de régler leurs instruments.

Renouvellement du vœu concernant la création de Chambres de de commerce françaises à l'étranger.

1883.

Qu'une entente s'établisse entre les Chambres de commerce, les Sociétés de géographie et les écoles primaires supérieures pour encourager par des bourses de voyage ou tout autre moyen le séjour aux colonies et dans les pays d'outre-mer des jeunes gens de ces écoles.

Que le développement de nos lignes de navigation comprenne l'organisation d'une ligne reliant la Réunion, la Nouvelle-Calédonie et Tahiti avec les côtes occidentales de l'Amérique.

Qu'une enquête soit faite sur (¹) la transportation dans nos colonies pénitentiaires (Guyane, Nouvelle-Calédonie) et que les résultats obtenus depuis trente ans soient publiés.

Que les mesures prises par le gouvernement général de l'Algérie pour donner aux émigrants tous les renseignements nécessaires à leur installation en Algérie soient rendues efficaces par la publication, dans toutes les mairies de France, d'un avis informant que les plans de lotissement des terres et les formules de concession sont déposés dans les bureaux.

Que le congrès, s'associant sans réserve à la ligne de conduite adoptée par la France dans l'Extrême-Orient (²), prie respectueusement le Gouvernement de persévérer avec fermeté dans la voie où il s'est engagé.

Renouvellement du vœu en faveur de la prise de possession des Nouvelles-Hébrides.

Que la commission chargée de la question de la réforme consulaire presse l'achèvement de ses travaux et que le Gouvernement élargisse le choix de son personnel dans le sens des capacités commerciales.

4° Géographie économique et artificielle.

1882.

Vœu en faveur de la création de deux voies ferrées à travers les Pyrénées, reliant plus directement la France et l'Espagne; préférence pour la ligne de la vallée du Salat.

(¹) Notre comité demande l'insertion, en cet endroit, des mots : *l'opportunité de....*
(²) C'est à l'époque où le Gouvernement et les Chambres paraissaient devoir pousser avec vigueur l'expédition du Tong-king et, malheureusement, cette ligne de conduite a été presque aussitôt abandonnée que préconisée.

Que les autorités compétentes fassent procéder à l'expérimentation du système de banquettes et d'empellements pour régulariser la navigation des rivières et éviter les canaux latéraux.

Divers vœux subsidiaires à celui qui concerne la traversée des Pyrénées par des chemins de fer et en vue de *la création de plusieurs grandes routes et en particulier de celle du col de Gavarnie, ainsi que de l'amélioration, par voie de subvention de l'État, des chemins muletiers les plus importants.*

Vœu en faveur d'un sondage de la Garonne, en vue du canal maritime de l'Océan à la Méditerranée, et que les divers projets soient soumis à la commission supérieure et soient l'objet de rapports spéciaux.

Vœu en faveur de la reprise des travaux de protection des Pyrénées.

Vœu demandant l'amélioration du service hydrométrique dans la vallée de la Garonne et de ses affluents, afin que les populations soient prévenues assez à temps des crues qui peuvent se produire.

1883.

Vœu en faveur de l'abaissement du tarif des chemins de fer du Nord et de l'Est, en vue de favoriser les ports français de préférence aux ports belges, et en faveur du projet du canal du Nord avec prolongement jusqu'aux ports de la mer du Nord, du Pas-de-Calais et de la Manche.

Vœu en faveur du projet des canaux dérivés du Rhône.

1884.

Renouvellement du vœu en faveur de la protection des Pyrénées [1].

Renouvellement, sous forme plus restreinte, du vœu concernant la création d'un canal maritime de l'Océan à la Méditerranée.

5° Explorations.

1878.

Que le ministre de l'instruction publique, toutes les fois qu'il le jugera convenable, veuille bien demander au ministre des affaires étrangères le titre d'attaché scientifique près des légations pour les voyageurs envoyés en mission, soit gratuite, soit payée.

---

(1) Notre comité demande que le vœu soit modifié dans la forme suivante : *que les Sociétés de géographie voient avec plaisir les travaux commencés en vue de la protection des Pyrénées et prient le Gouvernement de leur donner le plus d'activité et le plus de développement possible.*

Vœu en faveur de la création d'un comité des voyages, avec renvoi à la Société de géographie de Paris pour l'initiative de cette création (¹).

Que le pays qui s'étend entre le Sénégal et l'Algérie soit de préférence l'objet des explorations entreprises en Afrique, au point de vue des intérêts français.

1880.

Que les Sociétés françaises de géographie encouragent les efforts des missionnaires, leur adressent des questionnaires, leur envoient les secours obtenus ou accordés, dirigent leurs efforts dans une voie utile au pays et à son industrie comme à la civilisation.

1881.

Vœu en faveur de nouvelles explorations dans l'ancien Cambodge et dans les régions comprises entre l'Iraouaddy et le Mé-kong.

1882.

Résolution en faveur de l'exploration de l'Ouellé.

6° Généralités.

1878.

Qu'il soit créé un ticket international ou une lettre d'introduction sur la présentation de laquelle tout membre d'une Société française ou étrangère aurait le droit d'assister aux séances des diverses Sociétés. (Le Bureau de la Société de géographie offre de préparer le modèle de ce ticket et de négocier l'acceptation de l'idée avec les Sociétés étrangères, au nom des Sociétés françaises de géographie.)

Qu'il se forme dans les principales villes de France des Sociétés régionales de géographie.

Vœu en faveur des musées cantonaux.

Vœu en faveur de l'organisation de trains circulaires français à prix très réduits.

Qu'une médaille soit décernée par la Société de géographie pour récompenser la création d'une agence de voyages à prix réduits comme il en existe en Angleterre.

(¹) Notre comité ne peut s'associer à la rédaction de ce vœu, mais il demande qu'à chacune de ses sessions, le congrès national des Sociétés françaises de géographie indique, après examen, les points sur lesquels il désire voir, de préférence, se porter les explorations.

1880.

Qu'un congrès international soit réuni pour étudier la question du méridien initial; subsidiairement, que le bureau du congrès de Bruxelles (1879) se constitue en comité permanent pour activer la réunion d'un congrès international.

Que sur toutes les cartes géographiques on marque la différence entre les principaux méridiens usités.

1882.

Que tout manuscrit susceptible d'une discussion technique soit déposé, au moins un mois à l'avance, avant l'ouverture du congrès ([1]).

1883.

Qu'à l'avenir, les membres du congrès soient moins distraits de leur véritable mission par l'étude des expositions scolaires et autres ([2]).

Que les Sociétés de géographie soient consultées par le Gouvernement dans la question du méridien initial.

1884.

Approbation de la thèse du commandant Blanchot portant la limite orientale du système pyrénéen au cap *Creus*.

([1]) Et naturellement soit signalé aux intéressés. Quelques difficultés pratiques pouvant s'opposer à ce dépôt, il conviendrait tout au moins que les titres exacts et l'objet des travaux à produire figurassent sur le programme du congrès.

([2]) En tant que membre du jury bien entendu, question réglée par les articles VI et VII du règlement.